职业教育精品教材

典型电子整机与电子产品营销

王奎英　张晓艳　主　编

张少利　主　审

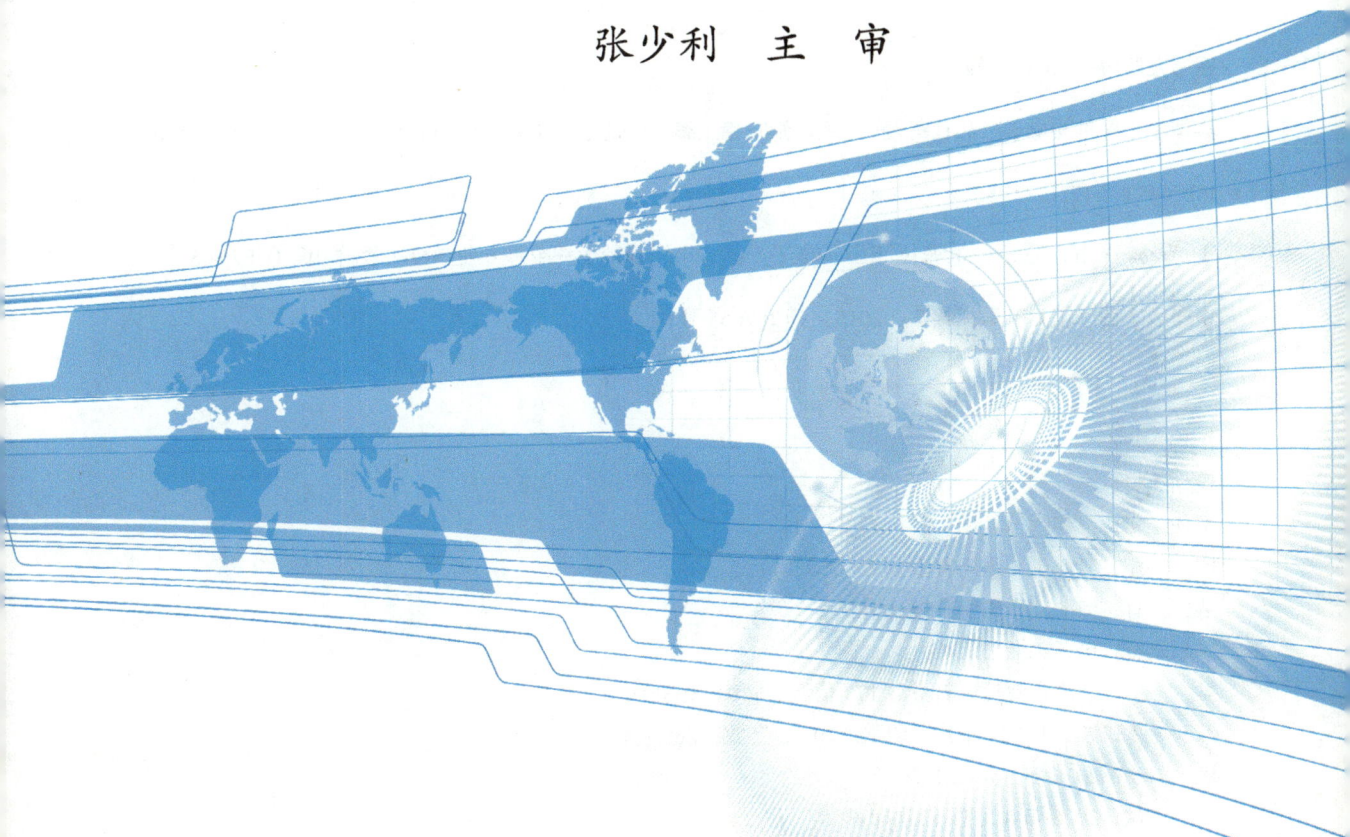

电子工业出版社

Publishing House of Electronics Industry

北京·BEIJING

内 容 简 介

本书根据教育部职业教育改革要求,从职业院校电子类专业学生岗位任职需求出发,重点介绍典型电子整机与电子产品营销的基础知识和基本技能训练。具体内容包括电热电动产品认知、音视频产品认知、家用制冷产品认知、办公电子产品认知、电子产品市场分析、电子产品市场定位、电子产品营销策划、电子产品市场推广、电子产品网络营销、电子产品整机销售实务。为淡化理论的枯燥性,增强学习的趣味性,本书设计了形式多样的教学互动和课堂训练环节,便于教师组织丰富多彩的教学活动和调动学生学习的积极性。

本书可作为职业院校电子类相关专业的教学用书,也可作为电子产品经营从业人员岗前培训及自学参考用书。

图书在版编目(CIP)数据

典型电子整机与电子产品营销 / 王奎英,张晓艳主编. —北京:电子工业出版社,2016.5 (2025.8 重印)

ISBN 978-7-121-27737-5

Ⅰ. ①典⋯ Ⅱ. ①王⋯ ②张⋯ Ⅲ. ①电子产品—市场营销学—中等专业学校—教材 Ⅳ. ①F764.5

中国版本图书馆 CIP 数据核字(2015)第 287055 号

策划编辑:白 楠
责任编辑:郝黎明
印　　刷:河北虎彩印刷有限公司
装　　订:河北虎彩印刷有限公司
出版发行:电子工业出版社
　　　　　北京市海淀区万寿路 173 信箱　邮编　100036
开　　本:787×1 092　1/16　印张:10.5　字数:268.8 千字
版　　次:2016 年 5 月第 1 版
印　　次:2025 年 8 月第 12 次印刷
定　　价:26.00 元

目前，我国的职业教育正处在以知识为中心向以能力为中心转变的重要时期。"以职业为导向、以能力为本位、以学生为主体"，教师由"教"学转向"导"学，加强学生的创新精神、实践能力的培养，打造专业技能过硬、实践动手能力强、综合素质高、"零距离"上岗的优秀职业人才，是我国职教改革的重要目标和方向，也是各职业院校教学改革中面临的一个急需突破的问题。

本书是职业院校电子类专业系列教材之一，是依据《教育部关于进一步深化职业教育教学改革的若干意见》等教改指导方案，参考营销员、商品销售员等电子产品生产经营相关职业技能鉴定标准编写的。全书遵循"就业为导向、能力为本位、素质为基础、项目为载体"的指导思想，采用"项目引领、技能驱动、做教学一体化教学"的模式，力求突出以下特点。

（1）语言简练、知识精要、结构新颖、形式活泼，符合职教生的认知规律。例如，"想一想"、"问一问"、"说一说"等环节的设计能够帮助学生集中注意力；案例分析、问题讨论、情景模拟、角色扮演、课外实践等活动设计淡化了理论的枯燥性，使学生获得全新的学习体验，加深了对知识点的记忆和理解；"小故事"、"小知识"、"小游戏"等的插入增强了教材的趣味性，吸引学生阅读和参与教学活动。

（2）以学生为主体，教师为主导，强调学生自主学习、团队协作、理论实践一体化。本书采用"项目引领，任务导入"的方式编写。例如，每一任务单元先通过"任务导入"环节，引发学生对某些问题的思考，产生探究心理和学习动机，再通过老师的讲授和小组训练活动完成教学任务，实现由知识向能力的转化。

（3）注重学生职业能力的培养和综合素质的提高。本书根据相关岗位职责，适当嵌入职业素质和职业道德规范要求，并通过训练活动促成学生职业行为规范的养成，以及学生自我学习、与人交流、团队合作、解决实际问题和创新思维等核心职业能力的提高。

本书教学建议学时可参照下表。实施过程中可根据具体实际情况适当调整和取舍。

序　号	项　　目	建 议 学 时
1	电热电动产品认知	8
2	音视频产品认知	6
3	家用制冷产品认知	6
4	办公电子产品认知	4
5	电子产品市场分析	6

序　号	项　目	建议学时
6	电子产品市场定位	4
7	电子产品营销策划	8
8	电子产品市场推广	6
9	电子产品网络营销	4
10	电子产品整机销售实务	8
	合计	60

本书由河南机电职业学院王奎英、张晓艳主编，张少利主审。吕香玲编写项目一，王奎英编写项目二、项目三，林州市职教中心路奎龙编写项目四，张晓艳编写项目五、项目六、项目七、项目十，河南艺术职业学院裴培编写项目八，河南省民政学校李小贺编写项目九。在编写过程中参考和吸取了一些专家、学者、教师的研究成果，在此深表谢意。

由于我们水平有限，时间仓促，书中不妥和错误之处在所难免，敬请同行、读者批评指正。

编　者

C目 录
ONTENTS

IX

模块一

典型电子整机认知

电热电动产品认知

教学目标

（一）认知目标

（1）了解电饭锅、微波炉、洗衣机的发展。

（2）掌握电饭锅、微波炉、洗衣机的基本结构组成。

（二）技能目标

（1）熟练使用不同电饭锅、微波炉、洗衣机。

（2）能对电饭锅、微波炉、洗衣机进行日常维护与保养。

（3）能对返修的电饭锅、微波炉、洗衣机进行检测和使用故障排查。

（三）情感目标

（1）培养学生的沟通能力及团队协作能力。

（2）培养学生分析问题、解决问题的能力。

（3）培养学生的应变能力。

任务一　电饭锅的认知

任务导入

电饭锅又称为电饭煲，它能自动将饭煮熟，并能保温，不但可以用来煲粥，还可以进行炖、焖等各种操作，是家庭厨房中应用最普遍的一种电热器具。电饭锅发展到今天，已出现压力式电饭锅和智能化电饭锅等。

● 问题讨论

1. 什么叫电饭锅？电饭锅作为厨具有何特点？
2. 你在购买电饭锅时都关注哪些因素？

● 基本知识

一、电饭锅的种类及特点

常用的电饭锅有普通自动保温式电饭锅、压力式电饭锅和电脑型电饭锅等，如图 1-1 所示。

（a）自动保温式电饭锅　　　　（b）压力式电饭锅　　　　（c）电脑型电饭锅

图 1-1　常用电饭锅

电饭锅的特点：自动保温式电饭锅操作简单、成本低，因此得到广泛应用；压力式电饭锅既可以代替高压锅使用，又可以自动调节加热时间，因此不但可以提高加热温度，缩短烹饪时间，而且省心、省力。电脑型电饭锅加热功能与加热方式和普通自动保温式电饭锅基本相同，但电脑型电饭锅的自动化程度更高，控制温度也更加精确，可以根据不同需要设置加热过程。

二、电饭锅的组成

（一）自动保温式电饭锅的组成

自动保温式电饭锅的组成，如图 1-2 所示。

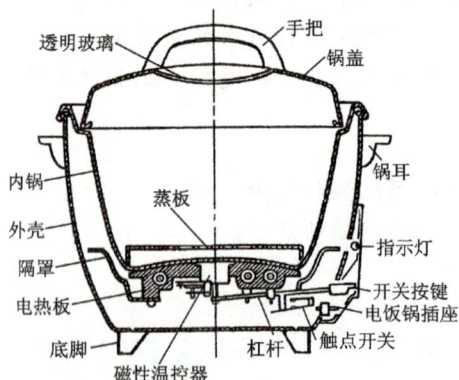

图 1-2　自动保温式电饭锅结构

自动保温式电饭锅主要由外壳、内锅、电热板、磁性温控器、双金属温控器、插座等组成。

外壳：支撑保护、安装电热板、温控器等。

内锅：用来盛饭，底部为凹面与电热板紧密接触，便于传递热量。

电热板：又称电热盘、发热板，如图 1-3 所示；内部浇铸有电热管，中间开有圆孔用来放置磁性温控器。

图 1-3　自动保温式电饭锅电热板结构

磁性温控器：又称磁钢限温器，如图 1-4 所示。

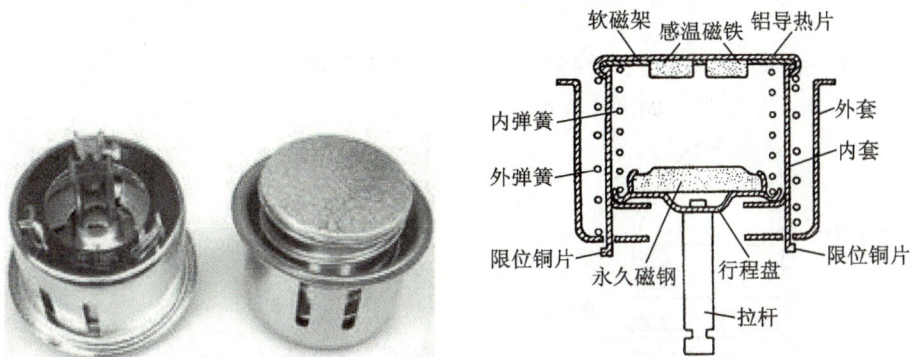

图 1-4　磁性温控器结构

双金属温控器：结构如图 1-5 所示。

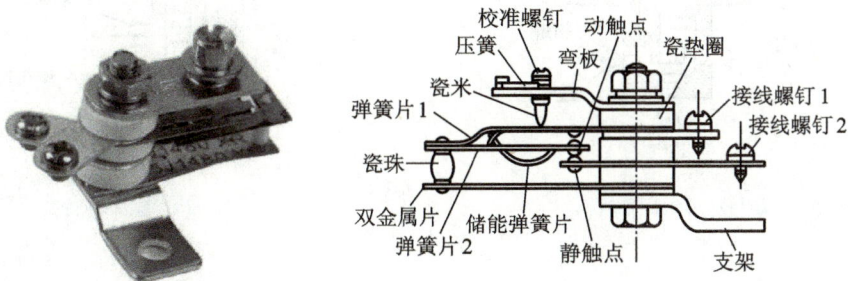

图 1-5　双金属温控器结构

（二）压力式电饭锅的组成

压力式电饭锅的组成，如图 1-6 所示。

外壳：支座和锅体，双层结构。

锅内胆：铝合金制成，内外层之间为空气保温层。

电热板：管状电热元件浇铸铝合金。

锅盖：3 mm 的铝合金冲压成型，沿口处有密封圈。

定时器：机械发条式。

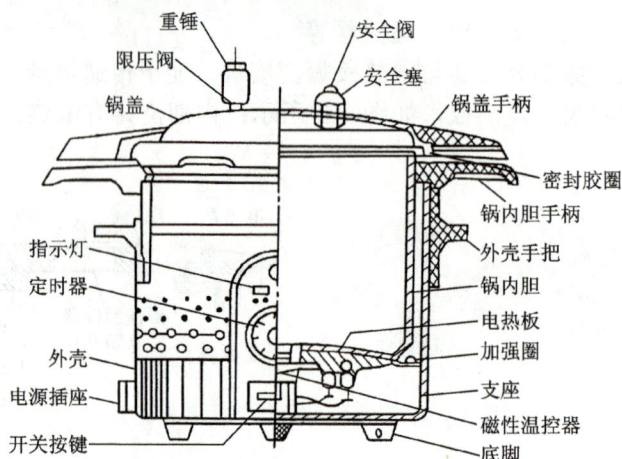

图 1-6　压力式电饭锅结构

限压排气阀：由阀座、阀瓣、重锤组成，如图 1-7 所示。
安全装置：金属安全塞，如图 1-8 所示。

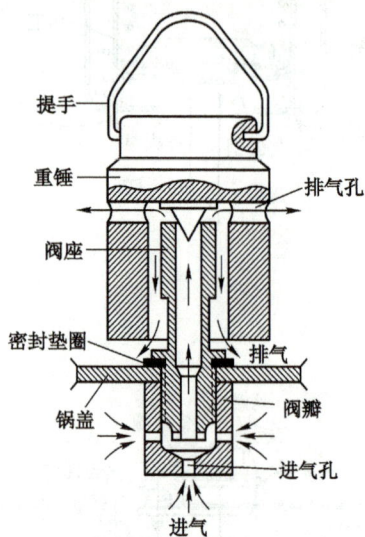

图 1-7　限压阀结构

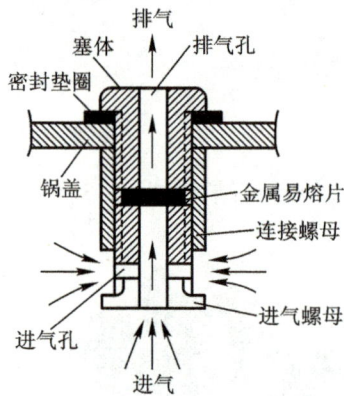

图 1-8　压力式电饭锅安全塞

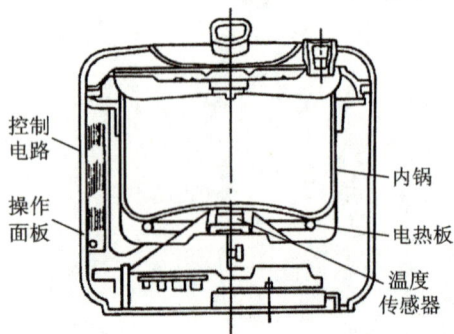

图 1-9　电脑型电饭锅结构

（三）电脑型电饭锅的组成

电脑型电饭锅的组成与自动保温式电饭锅的组成类似，如图 1-9 所示。增加了控制电路、操作面板及温度传感器等。

通常采用模糊控制技术，控制电路的核心是单片机，温度传感器为负温度系数的热敏电阻。单片机通过监测温度来选定加热器的功率及加热时间，使加工的米饭色香味美，而且最省电。

想一想　你还使用过哪些电饭锅？它们有何特点？

三、电饭锅使用过程中常见故障的处理

常见的故障及排除方法如表 1-1 所示。

表 1-1　电饭锅常见故障及排除方法

序号	故障现象	故障原因	排除方法
1	自动保温式电饭锅一通电即烧断电源熔丝	① 熔丝容量过小。 ② 插头内部引线脱落形成短路。 ③ 电饭锅上的电源插座中两铜柱之间因电木绝缘板烧焦碳化后导电短路。 ④ 电热板内部短路	① 按电饭锅不同功率选用相应的新熔丝。 ② 拆下插头，排除短路处后再焊接好。 ③ 碳化不严重的，可用小刀刮除碳积物及烧焦导电后的电木部分，有条件的用万用表电阻 1kΩ 挡测量刮除后的绝缘电阻，表针不动即可，若碳垢严重则换用新件。 ④ 更换电热板
2	自动保温式电饭锅接通电源、按下开关，指示灯不亮、且锅底不热	① 电热板中电热丝断路。 ② 电源引线断路。 ③ 双金属温控器触点氧化或接触不良、弹簧片失灵	① 用万用电表测量，阻值应在 50～90Ω 之间，否则应更换。 ② 检查并重新接牢。 ③ 用细砂布清理氧化层。如接触不良，则逆时针旋转至听到一声"啪"后再旋转约 40° 即可
3	压力式电饭锅不发热	① 停电或熔丝熔断。 ② 电源连接器、插头、插座接触不良或断线。 ③ 按键开关未按下，电源未接通。 ④ 已按下开关，但开关触点接触不良或烧毁。 ⑤ 电热管引棒断线或电热管断丝。 ⑥ 过热保护器易熔片熔断	① 待供电正常后使用，或更换合适熔丝。 ② 修理或更换损坏的零件。 ③ 按下开关，接通电源。 ④ 校正触片，恢复弹性；检修触点，使其接触良好。 ⑤ 用万用电表检查是否断路，若断路，则更换新件。 ⑥ 排除断路故障后更换易熔片
4	压力式电饭锅保压失效	① 保压电路断路。 ② 定时器电触点接触不良。 ③ 定时器机械故障	① 检查电路，找出断路点，重新接牢。 ② 修理触点或更换定时器。 ③ 修理或更换定时器
5	压力式电饭锅限压阀不排气或排气不畅	① 限压阀进、排气孔堵塞 。 ② 限压阀重锤卡死	① 清除异物使孔道畅通。 ② 清理除锈，用食用油润滑
6	压力式电饭锅漏气	① 限压阀安装不到位 。 ② 安全装置密封垫圈破损 。 ③ 锅盖密封胶圈破损 。 ④ 安全阀或安全塞失灵	① 正确安装到位。 ② 更换垫圈。 ③ 更换胶圈。 ④ 检查确认后更换安全阀或安全塞
7	电脑型电饭锅接通电源，指示灯不亮，且锅底不热	① 停电或熔丝熔断。 ② 电源连接器、插头、插座接触不良或断线。 ③ 电路板损坏。 ④ 继电器开关触点接触不良	① 待供电正常后使用，或更换合适熔丝。 ② 修理或更换损坏的零件。 ③ 检查或更换电路板。 ④ 检修触点，更换继电器

你在使用电饭锅过程中都遇到过哪些故障？是如何排除的？ 说一说

小知识

电饭锅使用保养注意事项

为防止电饭锅电气部位出现事故，清洗外锅时切不可用水冲刷，需用干布擦拭。若长期不使用时，必须在擦净后放于通风干燥处存放。内锅清洗时不可使其变形，特别是锅底。否则，下次使用时电饭锅将不能正确感知锅底温度。另外，要经常检查地线是否接通，避免漏电事故发生。电饭锅不使用时应拔下电源插头。

技能训练

电饭锅的正确使用

首先，电饭锅经常处于较长时间的通电状态下使用，因此在电气方面应保证安全可靠。当电源接通、接好地线后不应有漏电现象。发生漏电时应检修好后再使用。

其次，使用前需检查一下内锅底部是否平整光滑，不要使用底部变形的内锅，以免因局部导热性差而使食物生熟不均，甚至影响使用寿命。如果内锅经检查无问题，便可将食物放入其中，加入适量的水（如煮米饭时，米与水的比例为 1:1.5），然后再将内锅放到外锅中。放置时要使内锅与电热板吻合接触，并要保证两者接触面间的清洁，不允许夹杂任何异物，此时即可盖上锅盖。随后接通电源，特别注意要按下电饭锅开关的按键，此时指示灯亮，说明工作正常。当按键自动跳回，指示灯灭时，表明食物已熟。为使食物熟透，需继续通电 10 分钟后再取出食物，取出食物前，应先拔下电源线插头。如果在食物熟后仍不断电，待通电 20～30 分钟后，指示灯将会时亮时灭，此时说明电饭锅开始进入保温状态（温度为 60～70℃）。若不需保温，则拔下电源插头即可。

使用压力锅时一定要等锅内压力降低后再开锅盖，避免发生事故。

任务二　微波炉的认知

任务导入

微波炉是人类最辉煌的发明之一。烹调、加热、解冻、烘焙等只是其基本功能，微波炉可用于蔬菜脱水、恢复食物香脆、物品长久保存、熬制中药、烘烤水粉画等。

1945 年，美国工程师珀西·斯本塞在微波发射器旁发现，放在口袋里的巧克力融化了。后来，通过实验发现某些波长的电磁波的确能引起食物发热。在此基础上，他第一个提出利用微波加热食物的设想。1946 年，美国雷神公司与斯本塞共同研发专门烹饪用的微波炉，并获得使用微波来烹调食物的专利申请，次年获得首个微波炉专利。1965 年，乔治·福斯特与斯本塞一同又设计了一种耐用廉价的微波炉，并且最终改变了人们对微波炉的看法，形体娇小且动作迅速，只需要几分钟就能完成以往可能需要花费几小时才能完成的烹饪。开始成为家庭厨房主力的征途……

问题讨论

1. 什么叫微波炉？微波炉作为厨具有何特点？
2. 你在购买微波炉时都关注哪些因素？

基本知识

一、微波炉的种类及特点

微波炉是将电能转变为电磁能，然后以微波的形式将能量传递给食物分子，使其振动加热的现代炊具，如图 1-10 所示。

微波炉按频率分为 915 MHz 和 2 450 MHz 两种；按控制方式分为机械式、电脑控制式；按加热特点分为普通式、光波微波炉等。

微波炉常用规格：600 W、650 W、700 W、750 W、800 W、850 W、900 W 等。

（a）普通式微波炉　　　　　　　　　　（b）电脑控制式微波炉

图 1-10　微波炉

微波炉加热特点是食物内外同时受热，速度快，热损少，无污染，无明火，效率高。但是只对含有水分或油脂的食物有效。另外，微波炉发出的微波对陶瓷、塑料、玻璃等容器可顺利通过，但遇金属会反射，因此微波容器不能使用金属容器，否则，不但不能加热，而且还容易损坏微波炉。

二、微波炉的组成

微波炉的组成，如图 1-11 所示。

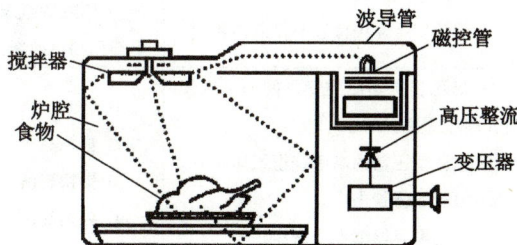

图 1-11　普通微波炉结构

（1）**磁控管**：微波发生器，将电能转换为磁能，产生并发射微波，如图 1-12 所示。

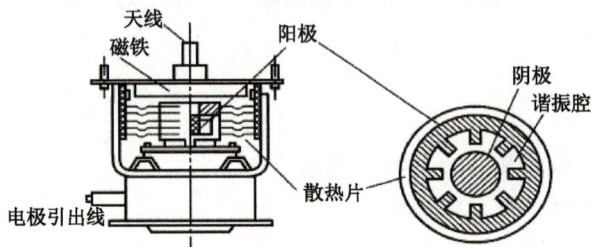

图 1-12　磁控管结构

（2）**波导管**：导电性能良好的巨型金属管，将微波限制在炉腔内。

（3）**搅拌器**：导电性能好、机械强度高的铝镁合金，使微波场均匀。

（4）**炉腔**：钢板喷涂或不锈钢冲压而成，微波谐振腔，盛放食物。

（5）**炉门**：不锈钢框架镶嵌玻璃，玻璃中有金属多孔网板，取放食品并观察，防止微波泄漏。

（6）**转盘**：微型电机带动，使受热物均匀受热。

（7）**外壳**：镀锌薄钢板或镍铬薄钢板冲压而成，屏蔽微波和装饰作用。

（8）**控制系统**：电源、定时器、功率控制器、风扇电动机、转盘电动机、过热保护器、与炉门联动的联锁开关等。

想一想 你还使用过哪些微波炉？它们有何特点？

三、微波炉使用过程中常见故障的处理

微波炉使用过程中常见的故障及排除方法如表 1-2 所示。

表 1-2　微波炉常见故障及排除方法

序　号	故障现象	故障原因	排除方法
1	接通开关后，不能加热，炉灯也不亮	① 电源插头与插座接触不良或断线。 ② 熔丝熔断。 ③ 炉门没关好。 ④ 炉门安全开关接触不良或损坏	① 检查并修理电源插头与插座，并将两者插紧。 ② 查明原因并更换熔丝。 ③ 检查是否有异物阻碍炉门的正常关闭。 ④ 用细砂纸摩擦开关触点使其接触良好，若严重损坏则更换新件
2	炉灯亮，但不能加热	① 倍压整流与磁控管之间的高压线路开路或短路。 ② 高压变压器的高压绕组损坏。 ③ 整流二极管击穿。 ④ 高压电容器漏电或击穿。 ⑤ 磁控管不良。 ⑥ 炉门安全开关损坏	① 逐一检查并排除故障。 ② 重绕高压绕组或更换高压变压器。 ③ 更换整流二极管。 ④ 更换高压电容器。 ⑤ 更换磁控管。 ⑥ 修理或更换炉门开关

序　号	故障现象	故障原因	排除方法
3	定时器失灵	① 连接定时器的导线开路。 ② 定时器触点绕结。 ③ 定时器损坏	① 检修并连接好。 ② 修磨触点。 ③ 更换定时器
4	指示灯不亮	① 降压电阻烧断。 ② 指示灯灯座松动。 ③ 指示灯烧坏	① 更换降压电阻。 ② 重新固定紧。 ③ 更换指示灯

你在使用微波炉过程中都遇到过哪些故障？是如何排除的？

说一说

小知识

微波炉使用保养注意事项

微波炉要放置在通风的地方，附近不要有磁性物质；要远离电视机、收音机等，以免干扰微波炉内磁场的均匀，使微波炉工作效率下降；也要远离炉火和水龙头，炉的两侧要放在通风处，并且与墙要保持5厘米的距离，便于扩散热气。

微波炉要禁止空转。因为发出的微波无法吸收，就会反射回磁控管而造成微波炉器件的损坏，可以在微波炉里面放置一个盛水的杯子，这样即使微波炉被不小心打开了，也不会空转。

要定期检查微波炉门四周和门锁，如果发现损坏、闭合不良等要停止使用，以防微波泄漏。门缝或者开门之处切勿残留食物碎屑或者油渍。

定期要用湿抹布擦洗微波炉炉腔内右侧的微波馈入口，否则溅在上面的食物残渣容易被碳化，引起微波反射，烧坏磁控管。

保持微波炉的清洁和干爽，炉内如果有水分会降低微波炉的性能，要尽量擦干。

带壳的食物在微波炉内加工前必须先处理。鸡蛋要去壳，用针或者筷子将蛋黄刺破，以免加热后爆裂、飞溅，弄脏炉壁；如果是瓜类、番茄等带紧皮的蔬果要先将皮戳破，避免爆炸；香肠、鸡肝、蛋黄、家禽的眼睛等也应该戳破；加热牛奶或者汤水时，最好中途搅拌一下，以免溢泄。

技能训练

微波炉的正确使用

一般的微波炉是只需要将插头插上，然后打开微波炉，将要加热的东西放进去，按照说明书选定好时间与火力，直接加热就可以了；使用微波炉不难，最重要的是要了解一下微波炉使用时的注意事项，不然很容易出现一些意外情况。首先要了解并不是所有的东西都能够放进微波炉的：太软的塑料器皿当然是严禁的，因为会融化出现安全隐患；金属器皿也不能放进里面，不仅会损害微波炉而且也不能加热食物；封闭容器也是不行的，这样由于内压过高，容易爆开，造成事故。一般在买碗的时候可以咨询商家是否能放进微波炉加热。微波炉加热的时间不宜过长，一般肉类不宜加热到半熟之后再放进微波炉，用微波炉解冻的肉应立即食用，不宜再放入冰箱；微波炉的辐射比较大，所以不宜呆在微波炉前时间过长。

任务三　洗衣机的认知

○ 任务导入

　　1858 年，一个叫汉密尔顿•史密斯的美国人在匹茨堡制成了世界上第一台洗衣机，洗衣机的主件是一只圆桶，桶内装有一根带有桨状叶子的直轴。轴是通过摇动和它相连的曲柄转动的。因为使用费力且易损伤衣服而没被广泛使用，但却标志着用机器洗衣的开端。第一台自动洗衣机于 1937 年问世，由英国研制并推出了一种喷流式洗衣机，它是靠筒体一侧的运转波轮产生的强烈涡流，使衣物和洗涤液一起在筒内不断翻滚，洗净衣物的。纵观洗衣机的成长经历已经有 150 多年，如今不仅有双筒洗衣机，而且还有波轮全自动洗衣机、滚筒全自动洗衣机，甚至还出现了超声波洗衣机等。随着洗衣机新产品的不断更新，给人们带来越来越多的方便。

○ 问题讨论

　　1. 洗衣机有几种类型？不同类型洗衣机有何特点？
　　2. 你在购买洗衣机时都关注哪些因素？

○ 基本知识

一、洗衣机的种类及特点

　　洗衣机是现在家庭中的常用电动器具，它能将人们从繁重的家务劳动中解脱出来。
　　洗衣机种类很多，分类方法有以下几种。
　　① 按自动化程度分可分为普通型、半自动型和全自动型三类。
　　普通型洗衣机：是指洗涤、漂洗、脱水三个过程之间的相互转换均需人工完成的洗衣机。
　　半自动型洗衣机：是指洗涤、漂洗、脱水三个过程中任意两个之间的转换可以自动连续完成的洗衣机。
　　全自动型洗衣机：是指洗涤、漂洗、脱水三个过程之间的相互转换均能自动连续完成的洗衣机。
　　② 按结构分可分为单桶洗衣机、双桶洗衣机和套桶洗衣机三类。
　　③ 按洗涤方式，分为多种类型，其中较多的是波轮式、滚筒式和搅拌式三种。
　　除了以上常见的三类洗衣机外，还有喷流式、电磁振动式、喷射式、超声波洗衣机等。
　　图 1-13 所示为常见的洗衣机外形。
　　普通波轮式双筒洗衣机结构简单、成本低，操作简便，但需要人工参与洗涤过程。波轮式全自动双筒洗衣机自动化程度高，不需要人工参与洗涤过程，但成本高。滚筒式全自动洗衣机对衣物磨损率低，但加热耗能，洗净率略低，成本最高。

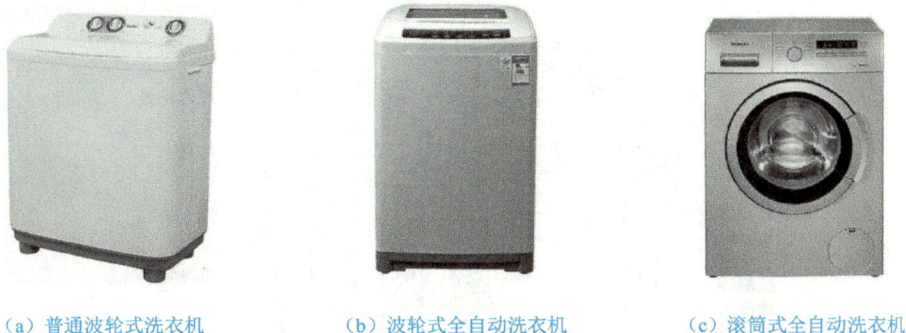

(a) 普通波轮式洗衣机　　　(b) 波轮式全自动洗衣机　　　(c) 滚筒式全自动洗衣机

图 1-13　洗衣机

洗衣机型号由 6 位字母或数字组成，前 4 位与后 2 位间加符号"–"。

第一位：代号，用 X 表示。如果为脱水机，则用 T 表示。

第二位：L 表示自动化程度，P 表示普通型，B 表示半自动型，Q 表示全自动型。

第三位：洗涤方式，B 表示波轮式，G 表示滚筒式，J 表示搅拌式。其他洗涤方式的洗衣机，则以洗涤方式名称的第一个字的汉语拼音字母表示。如果该字母与 B、G、J 相同，则以第二个字的拼音字母表示。

第四位：洗衣机规格。用额定洗涤容量的数值乘以 10 表示，如 30 表示洗衣机正常工作时，一次可洗 3 kg 处于干燥状态的标准洗涤物。

第五位：工厂设计序号。

第六位：结构形式代号。若是双桶型，则用 S 表示；若是单桶或套桶型，则省略不标。

例如，XPB20-5S 表示额定洗涤容量为 2 kg 的波轮式普通型双桶洗衣机，是该厂第 5 次设计的产品；XQG50-4 则表示额定洗涤容量为 5 kg 的全自动型滚筒式洗衣机，是工厂第 4 次设计的产品。

二、洗衣机的组成

（一）波轮式双筒洗衣机的组成

波轮式双筒洗衣机由洗涤系统（主要由洗涤筒、波轮、波轮轴组件等组成）、脱水系统、进排水系统、电动机和传动系统、电气控制系统、支承机构六部分组成，如图 1-14 所示。

主要结构部件介绍如下。

洗涤筒：以带圆角的长、宽接近的长方形组成，四周圆角的曲率半径一般都大于 50 mm。可增加衣物舒展伸长的机会，有利于提高洗涤的均匀性。洗涤桶有平底和斜底两种，底部有过滤罩，主要由铝合金、不锈钢或搪瓷制成，大部分采用聚丙烯注塑的塑料桶。

波轮：施加机械作用的部件。按尺寸分为大波轮和小波轮。

脱水外桶与内桶：外桶与洗涤桶连在一起，底部安装波形橡胶圈套，内桶通过橡胶套与电动机连接。按材料分为搪瓷桶和塑料桶。

脱水轴组件：脱水轴组件由脱水轴、密封圈、波形橡胶套、含油轴承、连接支架等组成。

排水阀：波轮式双筒洗衣机排水阀。

电气控制系统：双桶洗衣机的控制系统由洗涤定时器、脱水定时器、琴键开关、盖开关等组成。控制的对象是洗涤电动机和脱水电动机。

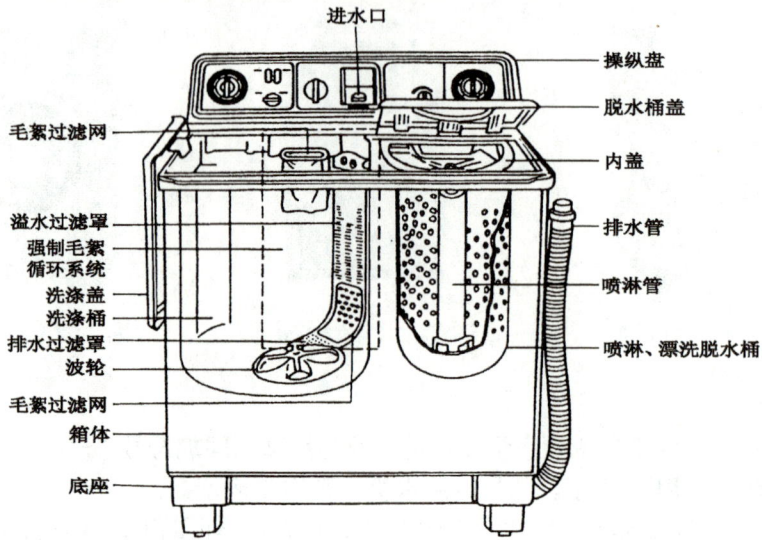

图 1-14　波轮式双筒洗衣机结构

（二）波轮式全自动洗衣机的组成

波轮式全自动洗衣机在洗涤过程中，洗涤、漂洗、脱水三个过程之间的相互转换都能自动连续完成。波轮式全自动洗衣机通常都采用将洗涤（脱水）桶套装在盛水桶内的同轴套桶式结构。其结构组成同普通双桶洗衣机类似，一般也由洗涤、脱水系统，进、排水系统，电动机和传动系统，电气控制系统，支撑机构五大部分组成，如图 1-15 所示。

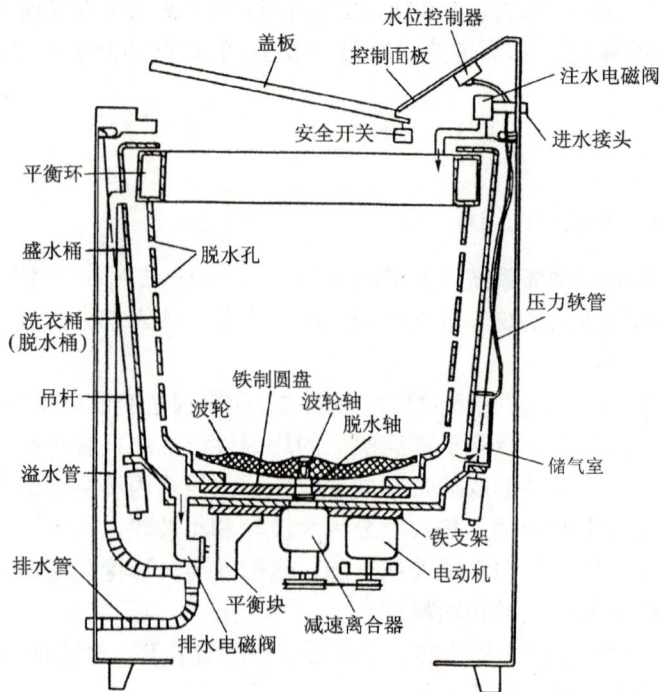

图 1-15　波轮式全自动洗衣机结构

洗涤、脱水系统：由盛水桶、洗涤桶、平衡圈、毛絮过滤装置、波轮等组成。盛水桶也称外桶，主要用来盛放洗涤液；洗涤桶，也称内桶或脱水桶，用来盛放衣物，在洗涤或漂洗时配合波轮完成洗涤或漂洗功能，桶的内壁上设有凸筋增强洗涤时的机械作用，在脱水时便成为离心式脱水桶，桶壁上还有很多小孔，用来出水，桶上有平衡圈，用来消除振动，桶内还有毛絮过滤装置，另外，波轮是产生机械作用的主要部件。

进、排水系统：进水系统由空气压力式水位开关和进水电磁阀组成。水位开关的作用是负责全自动洗衣机上的自动进水。进水与否，受水位开关动断触点的控制；排水电磁阀的作用一是负责自动排水，二是用来改变离合器工作状态（洗涤或脱水）。

电动机和传动系统：由电动机、减速离合器等组成。电动机为单相异步电动机，它是洗衣机的动力来源。减速离合器的作用一是减速，二是负责洗涤和脱水时的不同动力传动需要，控制不同的转速和转动方式。

电气控制系统：包括机械式程控器或电脑式程控器、安全开关电磁铁等。电脑式程控器由电路板组成，并用树脂胶密封，用来防水。安全开关的作用有两个，一是在洗衣机工作时误开盖，安全开关便会切断电动机的电源，自动中断程序的继续进行；二是在脱水过程中如桶内衣物安放不均匀而产生大幅度振动时，安全开关也会自动中断脱水过程的进行。

支撑机构：由外壳、面板、底座、吊杆等组成，用来支撑洗衣机的各个部分。

（三）滚筒式全自动洗衣机的组成

滚筒式全自动洗衣机以自动化程度高、磨损率低、洗涤容量大、洗涤范围广、功能齐全、结构合理等独特的优点受到很多家庭的欢迎。

滚筒式全自动洗衣机按衣物投入的方式不同，分为两种类型，一种是前装式洗衣机，另一种是顶装式洗衣机。

以前装式滚筒洗衣机为例，其结构可分为洗涤、脱水系统，进、排水系统，电动机及传动系统，电气控制系统，加热、烘干装置及支撑机构等，如图1-16所示。

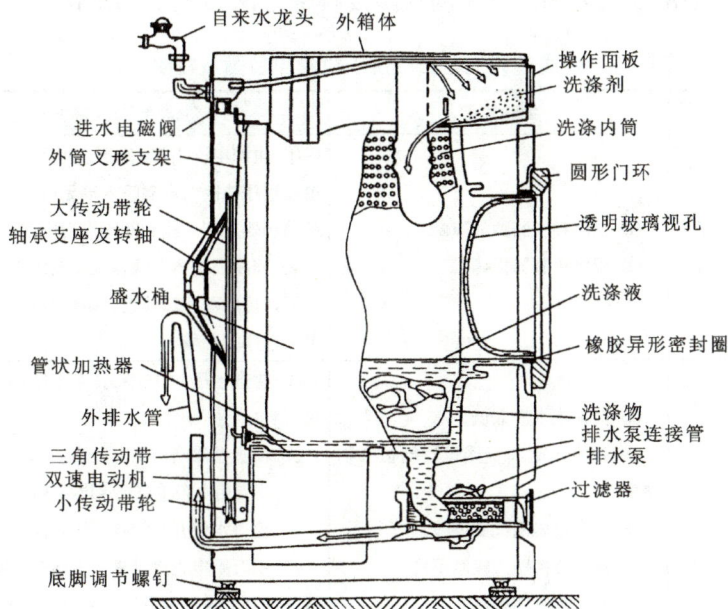

图1-16 滚筒式全自动洗衣机结构

013

洗涤、脱水系统：由不锈钢滚筒（内筒）、盛水筒（外筒）、内筒叉形支架、转轴、外筒叉形支架及滚动轴承等组成。内筒上也有凸筋，用来在转动过程中带起衣物，然后再落入水中，起到棒打洗涤的效果。另外内筒上还有许多小孔，用来甩干时出水。

进、排水系统：滚筒式全自动洗衣机的进水和排水都是自动控制的。它的进、排水系统主要由水位开关、进水电磁阀和排水泵组成。水位开关、进水电磁阀与波轮式全自动洗衣机作用原理相同，但出水是由水泵来完成的。

电动机及传动系统：一般采用电容双速电动机。滚筒式洗衣机没有离合器，因此，在洗涤或漂洗时，要求电动机能正、反向周期性低速运转。在脱水时，要经电动机单向高速运转来实现。带动滚筒的传动带轮也较大，一是为了减速，二是为了增加力矩。

电气控制系统：由程序控制器、温度控制器、门开关等组成。程序控制器结构与波轮全自动洗衣机上使用的同类程序控制器类似，对整个洗衣程序进行控制。温度控制器，控制洗涤液的温度。门开关是受滚筒洗衣机门控制的微动开关，其作用是保证在洗衣机通电时，门不能开启。

加热、烘干装置：用以提高洗涤液温度，从而提高洗净率。它安装在外筒的底部，位于外筒与内筒之间，一般由管状加热器组成。

支撑机构：由吊装弹簧、弹性支撑减振器、外箱体及底脚等组成。整个机芯采用弹性支撑，外箱体采用优质钢板冲压而成。

问一问

你购买洗衣机时是如何选择型号的？

三、洗衣机使用过程中常见故障的处理

以波轮式全自动洗衣机为例，常见的故障及排除方法如表 1-3 所示。

表 1-3　普通波轮式全自动洗衣机常见故障及排除方法

序　号	故障现象	故障原因	排除方法
1	通电后指示灯不亮，程序不能进行	① 电路存在断路故障。 ② 程序控制器损坏	① 电源电压正常，则可以用测电压法来判断。如单片微电脑程序控制器电源输入端无电压，则断路点在电源至程序控制器之间，找到断路点后修理。 ② 程序控制器电源输入端电压正常，则故障出在程序控制器，可用替代法检查，确认是程序控制器损坏的，只能更换程序控制器
2	通电后不进水	① 自来水水压太低。 ② 进水电磁阀金属过滤网被杂物堵塞。 ③ 进水电磁阀线圈烧毁。 ④ 水位开关触点接触不良。 ⑤ 程序控制器损坏	① 检查水压，如自来水流量太小，只能待其正常后再使用。 ② 检查过滤网，如有杂物堵塞，则清除。 ③ 用万用电表检测进水电磁阀线圈，如损坏则更换。 ④ 检查水位开关触点，如有问题则更换。 ⑤ 用万用电表测量进水电磁阀线圈两端有无电压，再查程序控制器输出端有无信号输出，如程序控制器无信号输出，则用替代法检查，如确定为程序控制器损坏只能更换

014

续表

序　号	故障现象	故障原因	排除方法
3	不能排水	① 机械故障：排水管路堵塞、排水阀阀芯拉簧脱落或断裂。 ② 电气故障：电磁铁线圈烧毁、电磁铁吸合无力、电路连接不通及程序控制器损坏等	① 洗衣机进入排水状态时，听有无排水电磁铁吸合声，如有则一般为机械故障。这时只要重点检查排水阀，如有损坏则更换。 ② 洗衣机进入排水状态时，听有无排水电磁铁吸合声，如无则一般为电气故障。如电磁铁线圈烧毁，只能更换；通过测量排水电磁铁两端的电压可以判断
4	工作时程序紊乱	① 离合器损坏。 ② 程序控制器损坏	① 如脱水时波轮转而脱水筒不转或洗涤时脱水桶跟着转都表明离合器损坏，可拆下离合器后作进一步检查，如确认，则更换离合器。 ② 检修维修或更换程序控制器
5	采用单片机微电脑程序控制器的洗衣机按功能选择键无效	① 电路中存在故障。 ② 程序控制器损坏	① 如按键后指示灯作出正确指示，但状态不变，表明输入电路和单片机微电脑工作正常，应重点检查负载及程序控制器中的驱动电路。如发现损坏，则更换。如按键后指示灯和洗衣机状态都不变，故障点往往是按键或输入电路断路，应更换或作相应处理。 ② 更换程序控制器
6	不能脱水，指示灯出现闪烁，并发出嘟嘟声	单片微电脑洗衣机中安全开关未接通，使单片微电脑自动转入保护程序	检查安全开关接触是否正常，它与程序控制器的接插件有无松动或脱落，连接线有无断裂等、无法修复的应更换
7	波轮只能做单方向运转	离合器棘爪与棘轮配合不当，使抱簧未被拨松	调节拨叉上的螺钉加以校正
8	脱水桶不运转	① 安全开关接触不良。 ② 离合器中的抱簧未拨紧	① 检查安全开关触点，如触点氧化，可用细砂布仔细打磨；如损坏严重则应更换。 ② 检查离合器棘爪是否放松棘轮，如未放松则应调整，无法调整的只能更换

你在使用洗衣机过程中都遇到过哪些故障？是如何排除的？

说一说

小知识

洗衣机保养注意事项

（1）洗衣机长期停用，要排除积水，保持干净整洁。

（2）应安放在干燥、无腐蚀性气体、无强酸、强碱侵蚀的地方，以免金属件生锈，电器元件降低绝缘性能。

（3）有些洗衣机的波轮主轴套上设有注油孔，每隔两三个月可用油壶向油孔加注几滴机油。

（4）长期存放的洗衣机应盖上塑料薄膜或布罩，避免尘埃的侵蚀，保持洗衣机光亮、整洁。

（5）隔两三个月要开机试运转，防止部件生锈、电机绕组受潮。通电也是干燥绕组的一种手段，可避免停用时间过长而引起故障。

（6）洗衣机不要长期受阳光直射，特别对于塑料器件，以免褪色、老化。

（7）经常注意检查电源引线，发现有破损或老化，应及时处理。

技能训练

洗衣机的正确使用

（1）洗涤前取出口袋中的硬币、杂物，有金属钮扣的衣服应将金属钮扣扣上，并翻转衣服，使金属钮扣不外露，以防在洗涤过程中金属等硬物损坏洗衣桶及波轮。

（2）一次洗衣量不得超过洗衣机的规定量，水量不得低于下线标记，以免电动机因负荷过重而发生过热，造成绝缘老化影响寿命。

（3）洗涤水的温度不宜过高，一般以 40℃为宜，最高也不应超过 60℃（滚筒高温消毒洗衣机除外），以免烫坏洗衣桶或造成塑料老化、变形。

（4）每次洗衣结束后，要排净污水，用清水清洗洗衣机桶；用干布擦干洗衣机内外的水滴和积水；将操作板上的各处旋钮、按键恢复原位；排水开关指示在关闭位置，然后放置于干燥通风处。

（5）刷洗洗衣机时勿用强碱、汽油、稀料和硬毛刷，清理过滤网、排水管时勿用坚硬器具。

综合训练

一、电热电动器具市场调研

活动要求：

（1）教师向同学们说明本次调研活动的范围、目的、内容及注意事项。

（2）学生凭借已经学过的电热电动器具的"基本知识"，然后小组分工，利用课余时间走进家电市场，先以顾客身份向营销人员做采购咨询，在此过程中进行调查研究。对于出现的问题，可上网查询，训练自主学习的意识和能力。

（3）返回课堂后分小组进行讨论。讨论过程中，教师给予必要的引导。

（4）组长负责记录，小组发言人报告研讨结果。

（5）教师对本次活动的开展情况进行评价；对存在争议的一些问题加以澄清；对表现好的小组和个人予以表扬或奖励，尤其要鼓励学生的创造性思维。

活动成果：

完成小组研讨记录表（表1-4）。

表1-4 _____小组研讨记录表

研 讨 问 题	研 讨 结 果
1. 目前市场上销售的电热类器具和洗衣机都有哪些？	

研 讨 问 题	研 讨 结 果
2. 说出各类电热类器具和各类洗衣机的优点和不足。	
3. 根据市场实际销售情况，分别在小组内评出 3 种最畅销的电热类器具和 3 种最畅销的洗衣机品种？	
4. 顾客购买家用电热器具时主要考虑哪些方面？最多询问的问题有哪些？你作为销售员如何回答？	
5. 在给顾客介绍商品时有何沟通技巧？言语中应注意哪些问题？	
6. 当一名合格的家电营业员，应该具备哪些方面的知识？	
7. 应以什么样的心态面对不同的顾客？	

二、营销训练

家用电热电动器具营销训练的内容如表 1-5 所示。

表 1-5　利用角色扮演法进行家用电热电动器具的营销训练

项　　目	内　　容	备　注
小组		
小组成员		
训练目的	让学生在角色扮演的游戏中，锻炼家用电热电动器具的营销技能。同时检验和进一步熟悉家用电热电动器具的结构、特点，分类方面的专业知识	
训练形式	以小组为单位，每小组成员分成三部分进行分工：一部分扮演顾客，另一部分扮演营销员，还有一部分扮演物流员。进行模拟商品的选购与推销。对于已经购买的商品，由物流员负责为顾客模拟送货（注意送货的程序，例如，如何以最快的速度进行登记地址、装运、安装、试机与到顾客家中应注意的事项等）。 小组以外的其他同学和老师在一旁观看，并一起担当评判员。当小组活动结束时，提出评判意见，指出亮点和不足之处。然后由评判同学无记名投票打出分数，或由教师最后打出分数	一个小组表演完换另一个小组。顾客也可以扮演一家人，家庭主妇、老人等。可以有目的的购买，或只是随便看看、问问等。检验营销人员如何对待各种顾客
训练道具	若干电热电动器具（最好课本中讲到的各准备一种，不具备条件的可用照片、模型代替等，但要标上价格与电器类型等）、桌子、椅子等。	每小组也可选择一部分电热电动器具
销售业绩		以销售额或销售数量作为参考
自我评判	成功之处： 不足之处：	

续表

项　目	内　　容	备　注
观众评判		
教师评判		
综合分数		

三、根据以下问题发表见解

1. 作为电子产品营销人员，应掌握哪些业务知识？

2. 一个合格的家电销售员应该具备哪些素质？

3. 为什么说家电营销工作中，做到"用户至上，诚信服务"非常重要？

音视频产品认知

教学目标

（一）认知目标

（1）了解手机、DV机、电视机的种类。
（2）掌握手机、DV机、电视机的基本结构。
（3）熟悉手机、DV机、电视机的使用保养。

（二）技能目标

（1）能够拆装手机、DV机、电视机。
（2）熟练演示和调试手机、DV机、电视机各种功能。
（3）能够讲解手机、DV机、电视机使用维护事项及分析简易使用故障的排除方法。

（三）情感目标

（1）培养学生的沟通能力及团队协作能力。
（2）培养学生分析问题、解决问题的能力。
（3）培养学生的应变能力。

任务一 手机的认知

任务导入

1983年6月，第一部便携式手机的出现开创了通信市场的新时代。从模拟、GSM、3G到目前的4G手机，其更新换代飞速发展，销量也与日俱增，因此，作为电子类专业的学生要掌握一些营销知识，必须要认知这些产品的基本知识。

问题讨论

1. 什么是智能手机？有何特点？
2. 你在购买手机时都关注哪些知识？

○ **基本知识**

一、智能手机的含义及特点

智能手机就像个人计算机一样，有独立的操作系统，独立的运行空间，可以由用户自行安装软件、游戏、导航等第三方服务商提供的程序，并可以通过移动通信网络来实现无线网络接入的这样一类手机的总称。

智能手机相对于非智能手机具有以下特点。

（1）具备无线接入互联网的能力。即需要支持 GSM 网络下的 GPRS 或者 CDMA 网络的 CDMA1X 或 3G（WCDMA、CDMA-2000、TD-CDMA）网络，甚至 4G（HSPA+、FDD-LTE、TDD-LTE）。

（2）具有 PDA（个人数字信息助理终端）的功能。包括 PIM（个人信息管理）、日程记事、任务安排、多媒体应用、浏览网页。

（3）具有开放性的操作系统。拥有独立的核心处理器（CPU）和内存，可以安装更多的应用程序，使智能手机的功能可以得到无限扩展。

（4）人性化。可以根据个人需要扩展机器功能，如实时扩展机器内置功能，以及软件升级，智能识别软件兼容性，实现了软件市场同步的人性化功能。

（5）功能强大。扩展性能强，第三方软件支持多。

由于智能手机的诸多优点，在市场上已经逐渐取代了非智能手机。

> 想一想 你使用过哪些手机？它们有何特点？

二、智能手机的组成

和计算机类似，手机主要由主板、处理器、系统内存、储存内存、显示屏、电池组成。现在的智能手机多为触屏手机，其组成如图 2-1 所示。手机中最为重要的组成部分是主板。主板主要由 CPU、Flash 内存芯片、音频芯片、SIM 卡插座、蓝牙、WiFi 芯片等元器件和芯片组成。在主板、显示屏、电池共同作用下手机就能正常工作了。

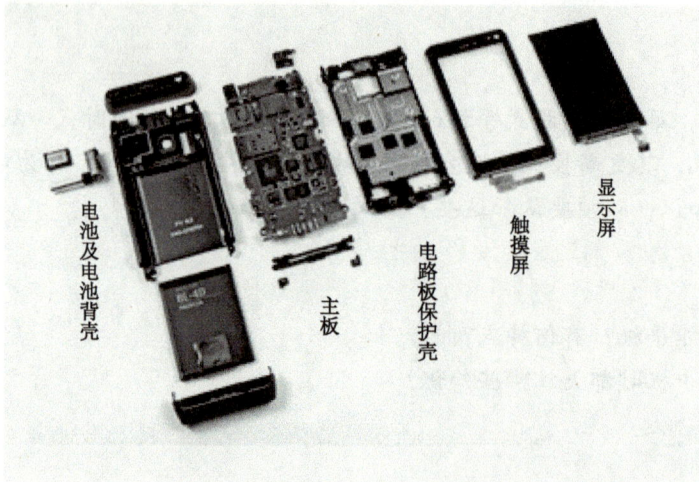

电池及电池背壳　主板　电路板保护壳　触摸屏　显示屏

图 2-1　智能手机一般组成

三、购买手机时验证方法

要买到心仪新手机，首先要保证是正品，其次不能是维修过的手机和退货机。要保证是正品，须从以下两个方面入手。

1. 标志验证

标志验证就是看该手机的生产有没有取得信息产业部电信设备认证中心颁发的"电信设备进网许可证"。消费者可使用查询系统，通常的查询方法有三种：

（1）访问电信设备进网管理网站（www.tenaa.com.cn）。把手机电池取下，可以在手机背面看到粘贴的进网许可证，如图2-2所示。将第一行"许可证号"、第三行的"扰码"和手机串号逐次输入，网站就会告诉消费者手机的真伪。手机串号可以在手机上输入"*#06#"获得。

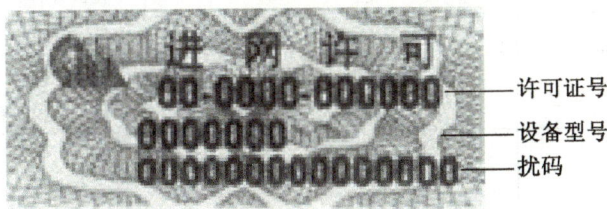

图 2-2　进网许可标志样本

（2）拨打电话到010-82058767和010-82050313进行人工查询。

（3）用手机短信查询。输入查询信息发送到9500，信息产业部电信设备认证中心将自动回复消费者鉴别信息。

2. 查看相关资料

手机说明书、合格证、包装盒三者上面印刷的公司名称要相同、正确、完整，字体有光泽。一般假冒或者翻新的手机，外包装粗糙，说明书字迹模糊，因此也可以作为选购时所注意的特征之一。

对于正品手机、曾经维修过的手机和退货手机，都能够通过上述的标志验证。要保证购买到的手机不是曾经维修过的或退过货的，须从以下三个方面入手。

（1）仔细地查看手机上的紧固螺钉和屏幕是否有刮伤。刚出厂的手机，螺钉是没有任何刮伤或者拉丝的痕迹；查看SIM接触铜片的新旧。只要用过，就会有痕迹，很有可能被维修过或者是一部假冒手机。

（2）检查电池、充电器及赠品，看其是否都为新品，有没有被开封或者使用过。检查电池时，应该注意电池的金属触点是否有摩擦过的痕迹，因为电池插在手机或者充电器上面时，会有金属触点之间的摩擦；充电器两端的插头是否有摩擦过的痕迹，因为当充电器插入电源和插入手机时，也会有金属触点之间的摩擦。

（3）查看手机的通话记录、通话时间累计、短信息记录、短信息发送/接收累计、通讯录等。如果以上任意一项有资料的话，说明这部手机很有可能被人使用过。

对于水货手机和水改手机，不管是欧版、亚太版、星马行、港行都没有进网许可证。

![问一问]

问一问

你购买手机时是如何避免水货的？

四、手机使用过程中常见故障的处理

手机的故障经常发生在用户的终端，常见的故障及排除方法如表 2-1 所示。

表 2-1　手机使用中常见故障及排除方法

序　号	故障现象	可能原因	可能的排除方法
1	不能开机	电源键按下的时间不足	按住电源键约 3s 以上或更长时间
		电池电量不足	给电池充电
		电池接触不良	重新安装电池或是清洗电池接触点
		手机卡故障	检查或更换手机卡
2	待机时间不足	电池性能下降	更换电池
		长时间玩游戏和播放音乐等	限制玩游戏和播放音乐时间
3	充电故障	接触不良	检查接触情况，更换插座或插头
		电池电压过低	会导致无充电显示，先充电约 30min，然后拔下插头再重新充电
		电池故障	更换电池
		充电器型号错误	更换合适的充电器
		充电器故障	更换或修理充电器
4	无法通话	手机卡故障	检查或更换手机卡
		拨号错误	重拨
		达到费用限制	与运营商联系
5	按键操作无效	受到意外干扰	取下电池，1min 后重装
6	部分通话无法实现	电话号码位数超出	检查电话号码
		设置问题	检查是否设置"通话限制"
7	找不到电话簿	手机卡被更换	使用原手机卡
8	号码簿中无号码	设置错误或电池长期电压过低或长时间不使用	检查是否启动了全部复位或电池长期电压过低后存储的数据已丢失
9	PIN 码错误	三次输入密码错误	与运营商联系
10	自动锁定密码错误	输入密码错误（忘记密码）	请与指定的售后服务点联系
11	手机自动关机	电池电量严重不足	请充电
		设置原因	检查是否设置了自动关机
		受到意外干扰	重新开机
12	来电无提示音	音量设置为静音	重新设置合适的音量
13	无法连接网络	无网络服务或网络信号差	移到信号强的地方重试 移到网络服务供应商服务区域
14	显示输入"PUK 码"	需要输入"PUK 码"	联系运营商获得 PUK 码解锁
15	找不到用户卡（如 SIM 或 UIM）	用户卡没有正确插入或用户卡无效	检查用户卡有没有正确插入 检查用户卡是否有效

你在使用手机过程中都遇到过哪些故障？是如何排除的？ 说一说

小知识

手机使用保养注意事项

（1）保持手机干燥。雨水、湿气和各种液体或水分可能含有腐蚀电路的矿物物质，避免使用刺激性的化学制品、清洁剂或腐蚀性的清洁剂来清洁手机。

（2）保养屏幕无损。手机屏幕是手机的关键部件之一，不要用力按压屏幕表面，不要用尖锐物体划手机屏幕。对于触摸屏手机尤其注意不要挤压屏幕，否则会引起触摸屏故障或显示故障。为保护屏幕免遭划伤，可在屏幕上贴一层保护膜，但注意不要使保护膜遮住出音孔，以免使听筒声音减小。

（3）保持使用时间。长时间不使用手机，如超过一个月，请将电池从手机中拿出并妥善保管，不要置于潮湿等环境，不要让电池与其他金属物体混放，再次使用时，请将电池装入手机，关机充电 1 小时后再开机使用。

技能训练

手机的正确使用与调试

选择一部手机，按照以下步骤操作。

（1）首先按照手机使用说明书，插入 SIM/UIM 卡，然后开机。

（2）按照手机使用说明书，解锁进入桌面，根据个人需求对桌面锁屏和密码、手机按键、菜单键、屏幕键等进行设置。

（3）按照手机使用说明书，对电话进行设置，可以根据需要设置智能识别陌生号码，防止来自电话/短信的骚扰等，同时可以根据个人习惯设置快速拨号等。

（4）按照手机使用说明书，对短信进行设置，可以设置短信输入法、短信收发提示等。

（5）按照手机使用说明书，对相机进行设置，根据需要可以设置相机声音、连拍、闪光、全景模式、场景选择等。

（6）按照手机使用说明书，根据个人需要有选择地对网络、WiFi 连接、通知和状态栏、声音和振动、音乐、应用商店、便捷小工具等进行设置。

任务二　DV 机的认知

任务导入

1995 年 7 月，索尼第一台 DV 摄像机的发布标志着民用数码摄像机开始步入数字时代。随着数码技术的飞速发展，高清晰摄像机已经进入家庭，其销量也与日俱增，因此，作为电子类专业的学生要掌握一些 DV 机的营销知识，必须要认知这些产品。

问题讨论

1. 你使用或见到的 DV 机有哪些种类？各有何特点？
2. 你拆装、调试过 DV 机吗？如何使用保养 DV 机？

基本知识

一、DV 机的种类及特点

DV 机按用途分为广播级、专业级、消费级。对于大多数人接触到的是消费级机型。从价格和品质上又可以分为三个档次：低端产品（入门级产品）、中端产品、高端产品。

DV 机与模拟摄像机相比，具有以下特点。

1. 清晰度高

模拟摄像机记录使用模拟信号，所以影像清晰度不高。而 DV 记录的则是数字信号，其清晰度水平已经达到了 500～540 线，可以和专业摄像机相媲美。

2. 色彩更加纯正

DV 的色度和亮度信号带宽差不多是模拟摄像机的 6 倍，而色度和亮度带宽是决定影像质量的重要因素之一，因而 DV 拍摄的影像色彩就更加纯正和绚丽，也达到了专业摄像机的水平。

3. 无损复制

DV 磁带上记录的信号可以无数次地转录，影像质量丝毫也不会下降，这一点也是模拟摄像机所望尘莫及的。

4. 体积小质量轻

和模拟摄像机相比，DV 机的体积减小，一般只有 123mm×87mm×66mm 左右，质量也减轻，一般只有 500g 左右，极大地方便了用户。

问一问

你使用过哪些 DV 机？它们有何特点？

二、DV 机的组成

一般来说，数码摄像机主要由五个部分组成，即取景系统、控制系统、成像系统、存储系统和电源。

取景系统是由数码摄像机获取图像的相关部件构成的，其作用是使拍摄者通过它们看到所拍摄的影像。数码摄像机可以通过镜头和取景器取景，另外还可以用液晶显示屏取景。

控制系统是由数码摄像机的可操作控制的部件构成的，其作用是通过对数码摄像机操控，使图像聚焦更清晰，曝光更准确，色彩更真实，并将其完整保存下来。

成像系统由数码摄像机的接收、浏览和保存图像的部件组成，它担负着为数码摄像机捕捉影像的任务，是数码摄像机最重要的部件之一，也是与传统摄像机最本质的区别。它的质量水平（像素多少和面积大小）不仅决定了数码摄像机的成像品质，而且也能反映出数码摄像机的档次和性能。

存储系统可分为两部分，一是用于录像的录像带，录像带亦即视频磁带，是高密度的信息储存与转换媒体，二是用于记录数码相片的存储卡，这是数码摄像机用来拍摄静物用的，与数码相机的存储卡一样，能够用它来拍摄相片，需要时可以用摄像机附带的 USB 电缆与计算机等其他装置交换图像数据。

电源，摄像机所用的直流电源均为封闭型蓄电池，这种完全封闭式的蓄电池，避免了漏液及逸出气体等问题，而且使用起来十分安全。各个系统共同作用，完成摄像功能。DV 机的具体结构示意图如图 2-3 所示。

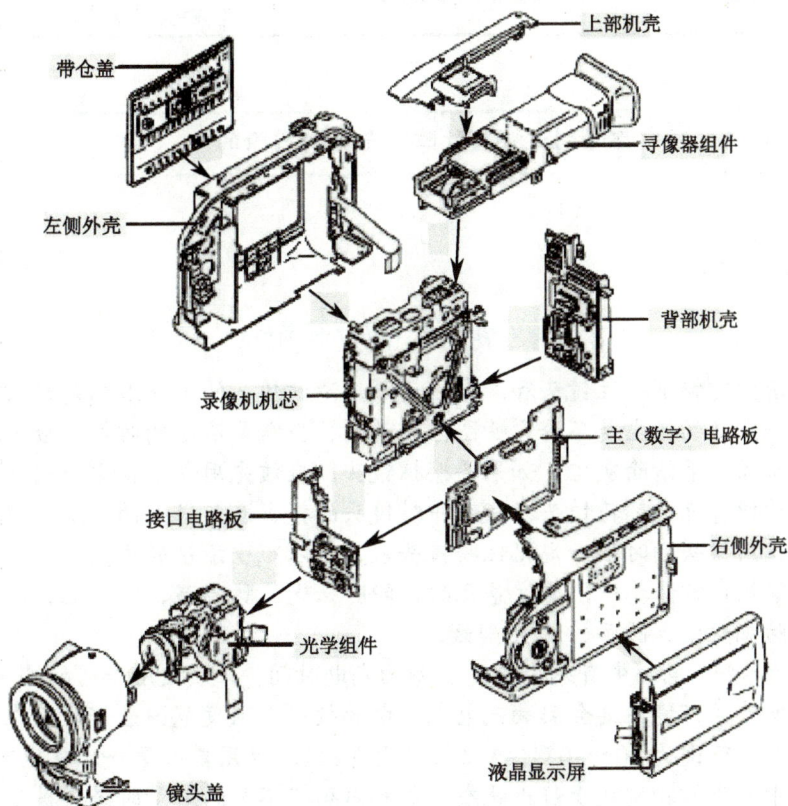

图 2-3 数码摄像机的结构分解示意图

三、DV 机使用过程中常见故障的处理

常见的故障及排除方法如表 2-2 所示。

表 2-2 DV 机常见故障及排除方法

序　号	故障现象	可能原因	可能的排除方法
1	取景器和电视机所显示的图像均不理想	摄像头电路故障	检查摄像头电路
2	取景器图像正常而电视机显示的图像不正常	AC 适配器或线路连接不良	检查 AC 适配器或线路

序　号	故障现象	可能原因	可能的排除方法
3	电视机图像正常而取景器图像不正常	取景器故障	检查或更换取景器
4	图像色彩不自然	AC 适配器、摄像头电路故障	检查 AC 适配器、摄像头电路
5	磁带吞吐失灵	机芯及其驱动电路故障	检查机芯及其驱动电路
6	重放图像无伴音	AC 适配器、音频记录电路、话筒及话筒电路故障	检查 AC 适配器、音频记录电路、话筒及话筒电路
7	图像模糊，聚焦不好	镜头调焦组件或自动聚焦电路故障	检查镜头调焦组件和自动聚焦电路
8	整机不工作	电源或电源电路故障	检查电池电压或 AC 交流适配器输出电压是否正常，检查电源电路是否正常

你在使用 DV 机过程中都遇到过哪些故障？是如何排除的？　说一说

小知识

DV 机使用保养注意事项

（1）日常清洁需特别关注镜头和液晶显示屏。清洁镜头的第一准则是只需在非常需要的时候才清洗，一点点的灰尘是不会影响图像质量的。当需要清洁的时候，应当用软刷，如貂毛制的画笔或吹风机来清除灰尘。如果要擦拭镜头，应该先用气泵把尘埃吹走，再用镜头纸擦拭，否则尘埃便有可能刮花镜头；指纹印对镜头的损害也是很大的，所以应尽可能快地将其清除，在不使用镜头的时候一定记住将镜头盖盖上以减少清洁的次数。

（2）在 DV 机日常保养中，要注意几防，即防强光、防高温、防低温、防水防潮、防震防碰、防腐、防烟防尘、防磁、防 X 射线。

（3）电池的养护。电池中有剩余电量会影响充电时间；必须使用专用的充电器进行充电；充电时，电池所处的环境温度会影响充电或放电的效率，温度范围最好控制在 0～40℃，充电效率最佳的温度范围为 10～30℃；电池长时间存放后，使用前的第一次充电可能无法充饱，这是因为电池中的化学物质处于静止状态；电池内剩下不多的容量时若再被过度充电，则会缩短电池的使用寿命或导致化学物质的外泄。

技能训练

DV 机的正确使用与调试

选择一台 DV 机，按照以下步骤操作。

（1）插入 SD 卡，装上 DV 机可充电电池，开机。

（2）按照 DV 机使用说明书，根据需要按模式键选择拍照模式、录像模式、录音模式、影音播放模式、文件删除等某一模式，然后针对具体模式进行设置。

以拍照模式为例，按模式键进入拍照待机状态后，按拍照键拍摄所看到的画面，按动上下键来精确调整焦距，根据被拍摄物体的光照环境对曝光补偿值、亮度等进行设定，使拍摄达到最佳效果。

（3）按照 DV 机使用说明书，可对自动关机时间、显示语言、亮度、日期和时间、是否恢复默认值、频率进行设置，也可对磁盘进行格式化和查询机器内存状况（可用空间、已用空间、总空间）。

（4）把 DV 机中相片或影音复制到计算机。将 DV 机用 USB 线连接到计算机，第一次连接到计算机时，需要在计算机上安装驱动程序，可按照 DV 机使用说明书操作。

任务三　电视机的认知

● 任务导入

我国于 1958 年生产出了第一台黑白电视机，彩电行业起步于 20 世纪 70 年代初期，第一台彩色电视机则于 1970 年 12 月 26 日在天津通信广播电视厂诞生，目前市场销售的电视机以平板电视机为主，包括液晶显示、等离子显示等几大类型的电视产品。

● 问题讨论

1. 液晶电视机和等离子电视机有何区别？
2. 在观看电视节目时遇到过哪些使用故障？简易的使用故障你会排除吗？

● 基本知识

一、液晶电视机的种类及特点

液晶电视机一般也称为液晶电视、LCD 电视，包括 CCFL（荧光灯管）背光源液晶显示屏和 LED（发光二极管）背光源液晶显示屏两大类。目前的液晶电视机主要是利用 LED 发光元件替代以前的 CCFL 荧光灯光源作液晶显示屏的背光源，这样可显示更为逼真的颜色。

液晶显示器是在 CRT 显示器的基础上发展起来的，它具有以下特点。

（1）平板结构、机身轻薄。由于显示器件采用了液晶屏，它的厚度是比较薄的，现在生产的液晶显示器的厚度只有几厘米，有越来越薄的发展趋势。

（2）低电压、微功耗。液晶屏采用薄膜场效应管控制液晶显像，电压低（一般为 3～5V），工作电压大多为 5V，电路中采用大量的 CMOS 器件，也大大降低了功耗，背光光源成为液晶屏的主要功耗来源。

（3）显示信息量大。由于液晶显示器是真正意义的平板显示器，像素可以做得更小，提高了分辨率和可视面积，相同尺寸的显示器，液晶显示器的可视面积比 CRT 显示器件要大得多。

（4）被动显示，易于彩色化。液晶显示器的显示器件是液晶，液晶本身不发光，依靠背光显像，液晶显示图像采用的原理是遮光与透光来实现，显示彩色的方法很多，一般采用滤色片控制的滤色法，极其容易形式五彩缤纷的彩色。

（5）无辐射、无污染。液晶显示器的无辐射、无污染、绿色环保，主要表现在低电压和低功耗上，由于工作电压低，不会产生射线等。

（6）寿命长。液晶显示器的低电压、低功耗，也成就了它的长寿命。随着液晶显示器新技术的不断涌现，使用寿命进一步延长，达到 10 万小时以上。

（7）接口更丰富、DVI 成为标准配置。

由于液晶电视的诸多优点，市场上已经取代了 CRT 电视。

问一问

你家使用的是哪一种电视机？它们有何特点？

二、液晶电视机的组成

液晶电视的组成并不复杂，可以说十分简捷。它主要由液晶面板与电路构成。液晶面板也称液晶显示板，是液晶电视的核心部件，如图 2-4 所示。电路主要由几块设计比较紧凑的电路板组成，如图 2-5 所示，其中一块比较大的电路板称为主板，上面密密麻麻地分布着一些元器件和集成电路，且通过几条传输线与其他电路板和液晶板相连；除了主电路板外，还设有电源板、按键板、遥控接收板等。在这些电路的作用与控制下，液晶电视才能正常工作。

图 2-4　液晶屏的正面

图 2-5　液晶电视的内部组成

三、等离子电视机介绍

等离子电视机是利用等离子显示屏作为显示器件的电视机。等离子显示屏是利用气体放电原理实现的一种发光平板显示技术，又称为气体放电显示器，具有大屏幕（40 英寸以上）、宽视角、高亮度、全彩色等优点，非常适合视频会议和其他展示的需要。因其成本较高，目前家庭使用率较低。

四、电视机使用过程中常见故障的处理

平板电视机的故障经常发生在用户的终端，常见的故障及排除方法如表 2-3 所示。

表 2-3　电视机常见故障及排除方法

序　号	故障现象	故障原因	排除方法
1	开机后看不到机顶盒输出画面	① 没有通电。 ② 电视机没有切换到相应的音视频 AV 通道。 ③ 线路连接错误。 ④ 无正常开机。 ⑤ 机顶盒处于待机状态	① 检查电源线路，保证通电。 ② 将电视机输入源切换到相应的音视频接口（AV 或 AV1、AV2）。 ③ 检查信号线、视频 AV 线是否连接正确、接触良好。 ④ 若机顶盒显示屏显示频道号，则正常开机，否则重新开机。 ⑤ 按"电源键"激活机顶盒

续表

序 号	故障现象	故障原因	排除方法
2	节目搜索不全	① 搜索过程中断造成。 ② 网络原因使个别频点的信号受到干扰	① 重新搜索：按遥控器的菜单键→选择系统设置→节目搜索→自动搜台。按确定键后会自动完成频道的搜索。 ② 网络原因应联系客服中心
3	收看节目时显示"没有信号"	① 信号线没有正确、可靠连接。 ② 信号弱或网络原因使个别频点的信号受到干扰	① 检查前面板上信号锁定灯是否亮。不亮，属于线路问题，检查信号线是否连接正确、牢固。 ② 网络原因应联系客服中心
4	图像出现马赛克或停顿现象	① 信号线没有良好接触。 ② 网络干扰或片源问题。 ③ 信号质量较差	① 检查信号线是否可靠连接，避免接头松动。 ② 如果是单个频道故障或偶尔出现马赛克，这是正常现象，很快就会恢复。 ③ 网络原因应联系客服中心
5	有声音无图像	① 线路没有正确、可靠连接。 ② 节目源故障。 ③ 电视机或机顶盒本身故障	① 全频道都是如此，检测视频线是否接错或接触不良。 ② 单频道或画面偶尔出现，一般为节目源故障，会自动恢复。 ③ 可以借用邻居家机顶盒来判断是否是电视机或机顶盒故障。若是，联系厂商客服中心
6	有图像没有声音或某频道出现两种不同的伴音	① 线路没有正确、可靠连接。 ② 设为静音或音量调到很小。 ③ 电视节目与机顶盒声道没有对应。出现两种不同伴音，一般是声道设置引起。 ④ 电视机或机顶盒故障	① 切换频道，查看是否全频道故障。若是，检查音频线是否连接可靠。 ② 将电视机或机顶盒的音量调大。 ③ 按"声道"键切换声道，使电视节目与机顶盒声道对应。 ④ 可以借用邻居家机顶盒来判断是否是电视机或机顶盒故障。若是，联系厂商客服中心
7	屏幕出现"没有授权"信息	① 未订购此节目或订购节目已到期。 ② 较长时间没有使用机顶盒	① 订购或续订该节目后可恢复。 ② 较长时间没有开机引起的，在开机后等待几分钟便可自动恢复
8	屏幕出现"加扰节目请插智能卡"的提示	① 智能卡插反或接触不良。 ② 智能卡故障	① 关机拔出智能卡，检查是否有芯片的一面朝下，重新插入，使其接触良好。 ② 智能卡损坏，请到营业厅处理
9	遥控失灵	① 电池电量不足。 ② 遥控未对准机顶盒或前面板有物体遮挡。 ③ 远距离遥控机顶盒	① 检查更换电池。 ② 遥控器是否对准机顶盒而不是对准电视机；检查机顶盒面板是否有物体遮挡。 ③ 近距离对准机顶盒遥控
10	彩色电视机显示成黑白图像	电视机的制式设置不正确	电视机的制式有 PAL、NTSC、AUTO，一般设置成 AUTO（自动）。参考电视机说明书将制式设为自动

029

你在使用电视机过程中都遇到过哪些故障？是如何排除的？

说一说

小知识

电视机使用保养注意事项

（1）注意日常的防尘、防潮与清洁。由于电视机使用过程中产生热量，本身又具有磁性，比较容易吸尘，而尘埃是散热的主要阻碍，因此我们要定期对电视机清洁除尘。清洁时不要用酒精等化学剂来擦洗屏幕，这会对电视屏幕的保护膜造成伤害。最好是根据电视说明书上的要求来清洁电视屏幕。

（2）在打开电视机时，应该先插上电源插头，再打开电源开关。不能用插拔电源插头的方法开关电视机，因为在电源插头拔插的瞬间电流可能很大，这样大的电流直接输出给电视机有可能造成芯片击穿的情况。另外，不宜频繁开关电视机，并且不要随意调节各种键钮。

（3）正常收看节目和刚关机时，不要搬动和振动电视机，以防损坏电视。无论哪个角度，电视机都要避开阳光照射以免造成元件老化或者电视机过热。

（4）电视节目看完后，最好不要用遥控器关机，要关掉电视机上的电源。因为用遥控器关机，电视机处于待机状态，内部仍然有电流通过，虽然目前所有电视机待机时功率非常小，但是对于电视机内部元器件长期通电有可能造成提前老化等现象，对于节省能源也是不合理的。

（5）雷雨天气最好关掉电视机，拔下天线和电源插头，以防雷击损坏电视机。若有室外天线，要将避雷线妥善接地。

技能训练

液晶电视机的正确使用与调试

选择一台电视机，按照以下步骤操作。

（1）接通电视机电源线，开机。

（2）按照电视机使用说明书，选择调谐菜单进行相应操作。电视机在 TV 状态下，可进行调谐。

（3）按照电视机使用说明书，根据频道编辑功能进行相应操作。频道编辑功能分为微调、彩色制式、声音制式、跳越。

（4）按照电视机使用说明书，进行自动搜索电视节目的操作。

（5）按照电视机使用说明书，选择图像菜单，进行亮度、对比度、清晰度、色调、色饱和度等操作。

（6）按照电视机使用说明书，选择声音菜单，进行音量、声音模式、自动音量限制等操作。

（7）按照电视机使用说明书，选择时间菜单，进行相应的操作。

时间菜单分为睡眠时间、当前时间、定时开机、定时关机、开机频道、预约时间、预约频道等模式。

（8）按照电视机使用说明书，选择功能菜单，进行相应的操作。

功能菜单分为语言、菜单时间、AAA 图像优化等模式。语言分为中、英文；菜单时间分别有 5s、10s、15s 三种类型；AAA 图像优化分为斜线补偿、数字降噪、色彩增强三种模式。

综合训练

一、市场调查和网络查询

活动要求：

（1）教师向同学们说明本次活动的目的、内容及注意事项。

（2）学习本项目之后小组分工，利用课余时间走进手机、DV 机、电视机市场和人流集中区域调查研讨问题，并上网查询，加以完善。

（3）讨论过程中，教师给予必要的引导。

（4）组长负责记录，小组发言人报告研讨结果。

（5）教师对本次活动的开展情况进行评价；对存在争议的一些问题加以澄清；对表现好的小组和个人予以表扬或奖励，尤其要鼓励学生的创造性思维。

活动成果：小组研讨记录表（表 2-4）。

表 2-4 _____小组研讨记录表

研 讨 问 题	研 讨 结 果
1. 目前市场上销售的手机、DV 机、电视机是否都是数码型？	
2. 市场上销售的手机、DV 机、电视机主要有哪几种类型？以产品品牌为例。	
3. 各种品牌的手机、DV 机、电视机有何特点？	
4. 顾客购买手机、DV 机、电视机时最多询问的问题有哪些？你作为销售员如何回答？	

二、音视频产品营销训练

音视频产品营销训练的内容如表 2-5 所示。

表 2-5 利用角色扮演法进行音视频产品的营销训练

项　目	内　容	备　注
小组		
小组成员		
训练目的	让学生在角色扮演的游戏中，锻炼音视频产品的营销技能，同时检验和进一步熟悉音视频产品的特点、使用、保养等方面的专业知识。	
训练形式	以小组为单位，每小组成员分成三部分进行分工：一部分扮演顾客，另一部分扮演营销员，还有一部分扮演物流员。进行模拟商品的选购与推销。对于已经购买的商品，由物流员负责为顾客模拟送货（注意送货的程序，例如，如何以最快的速度进行登记地址、装运、安装、试机、到顾客家中应注意的事项等）。 小组以外的其他同学和老师在一旁观看，并一起担当评判员。当小组活动结束时，提出评判意见，指出亮点和不足之处。然后由评判同学无记名投票打出分数，或由教师最后打出分数	一个小组表演完换另一个小组。顾客也可以扮演一家人，家庭主妇、老人等。可以有目的的购买，或只是随便看看、问问等。检验营销人员如何对待各种顾客

续表

项　目	内　容	备　注
训练道具	若干音视频产品（最好课本中讲到的各准备一种，不具备条件的可用照片、模型代替等，但要标上价格与电器类型等）、桌子、椅子等。	每小组也可选择一部分音视频产品
销售业绩		以销售额或销售数量作为参考
自我评判	成功之处：	
	不足之处：	
观众评判		
教师评判		
综合分数		

三、根据以下问题发表见解

1. 应如何避免与顾客发生冲突？
2. 城市地区消费者和农村地区消费者的消费特点有何异同？
3. 产品"三包服务"的内容是什么？

家用制冷产品认知

教学目标

（一）认知目标

（1）了解电冰箱、家用空调、中央空调的发展。

（2）掌握电冰箱、家用空调、中央空调的基本结构组成。

（二）技能目标

（1）熟练使用不同电冰箱、家用空调、中央空调。

（2）能对电冰箱、家用空调、中央空调进行日常维护与保养，以及技术状态的鉴定。

（3）能对返修的电冰箱、家用空调、中央空调等进行检测和故障排查。

（三）情感目标

（1）培养学生的沟通能力及团队协作能力。

（2）培养学生分析问题、解决问题的能力。

（3）培养学生的应变能力。

任务一　电冰箱的认知

任务导入

电冰箱用来冷藏或冷冻一些食品、物品等，它能将箱内温度按要求降低，并能在一定时间内维持这个低温。1910年，世界上第一台压缩式制冷的家用冰箱在美国问世。1927年，美国通用电气公司研制出全封闭式电冰箱。1931年研制成功新型制冷剂氟利昂R12。中国则是从20世纪50年代开始生产电冰箱的。如今，电冰箱向着智能化、多功能和节能化方向不断发展。已成为现在家庭中的重要电器，给人们的日常生活带来极大方便。

问题讨论

1. 电冰箱的用途都有哪些？
2. 你在购买电冰箱时都关注哪些因素？

○ **基本知识**

一、电冰箱的种类及特点

电冰箱按用途分为冷藏箱、冷藏冷冻箱和冷冻箱（或称为电冰柜）；按箱门分为单门、双门、三门等，如图 3-1 所示。

（a）单门电冰箱 （b）双门电冰箱 （c）电冰柜

图 3-1　常用电冰箱

冷藏型电冰箱只能用于冷藏，食物的汁液不冻结，储存温度在 0～10℃之间；所谓冷冻，是指储存食物时，食物的汁液冻结，储存温度在 0℃ 以下。除专门的冷藏箱、冷冻箱（冰柜）外，普通单门电冰箱以冷藏为主，所以属冷藏箱；双门电冰箱既有冷藏功能又有冷冻功能，所以是冷藏冷冻箱。

二、电冰箱的组成

电冰箱主要由箱体、制冷系统、电气控制系统和附件四部分组成，如图 3-2 所示。

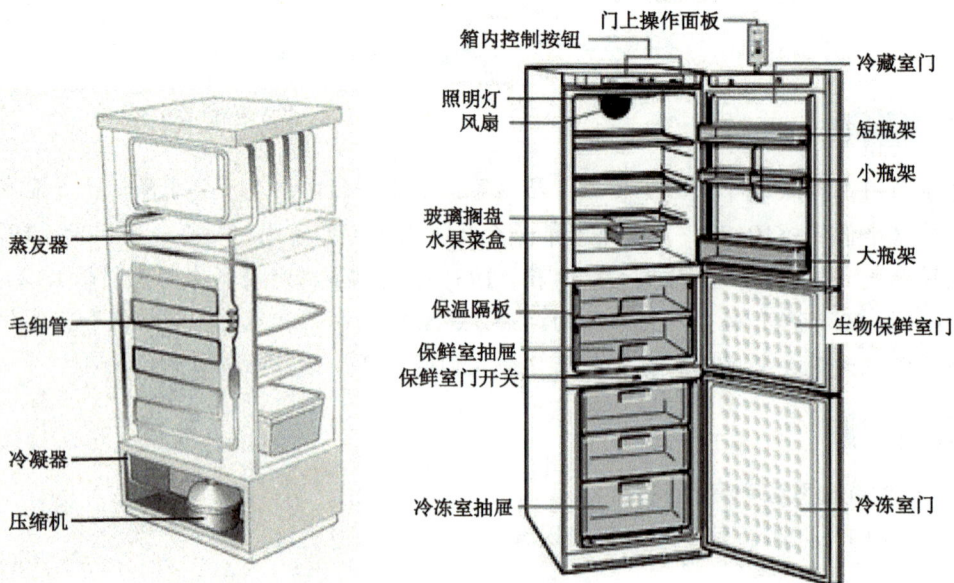

图 3-2　电冰箱的结构示意图

箱体：是电冰箱的躯体，用来隔热保温。同时起着美化冰箱外观，并支撑冰箱各零部件的重要作用。箱体由外壳、内胆和隔热层三部分组成。在箱体与箱门之间还有磁性门封。磁性胶条穿入塑料门封中，利用磁性胶条的磁性将门吸附在门框上。塑料门封中的空气腔，可减少箱内外热量的交换。一般箱内空间被分为冷藏和冷冻两个部分。

制冷系统：由压缩机、冷凝器、干燥过滤器、毛细管和干燥过滤器及蒸发器等组成，如图 3-3 所示。利用制冷剂在循环过程中的吸热和放热作用，将箱内的热量转移到箱外介质（空气）中去，使箱内温度降低，达到冷藏、冷冻食物的目的。

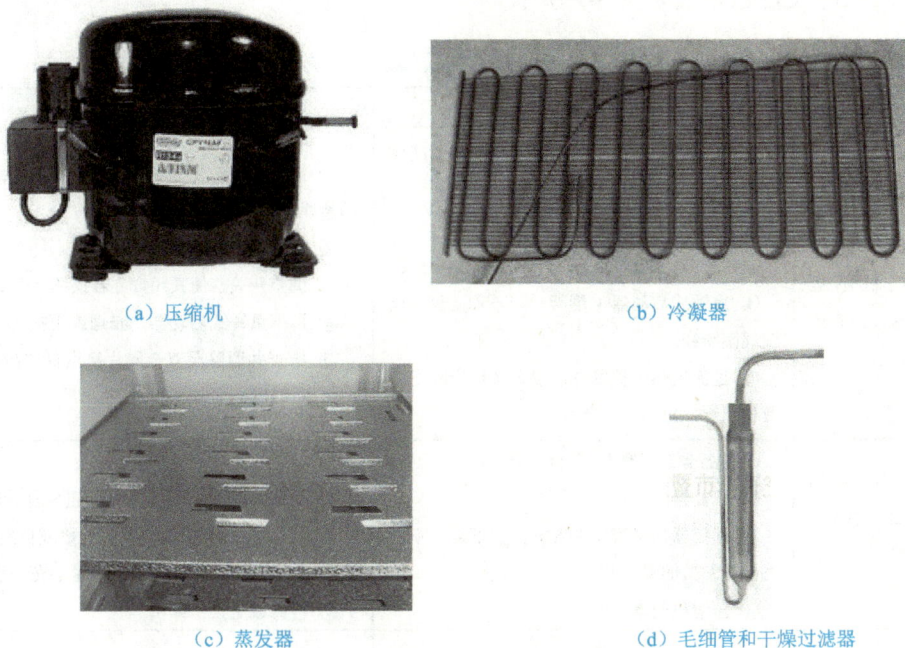

（a）压缩机　　　　　　　　　　　　　　　　　（b）冷凝器

（c）蒸发器　　　　　　　　　　　　　　（d）毛细管和干燥过滤器

图 3-3　电冰箱制冷系统组件

电气控制系统：是用于保证制冷系统按照不同的使用要求自动而安全地工作，将箱内温度控制在一定范围内，以达到冷藏和冷冻的需要。主要由温控器、启动器、过载保护器等组成，如图 3-4 所示。

（a）温控器　　　　　　　（b）PTC 启动器　　　　　　　（c）过载保护器

图 3-4　电气控制系统组件

附件：是为适应冷藏、冷冻不同需要而设置的，如搁架、抽屉等。另外，一般在箱内都装有照明灯，开门时灯亮，关门时灯灭。

想一想 你都见到过哪些电冰箱？它们有何特点？

三、电冰箱使用过程中常见故障的处理

常见的故障及排除方法如表 3-1 所示。

表 3-1　电冰箱常见故障及排除方法

序 号	故障现象	故障原因	排除方法
1	通电后电冰箱压缩机不运转，没有声音	① 电源线、插头、保险丝等线路中断或接头处松脱。 ② 电动机主绕组烧断。 ③ 温控器失效，触点未闭合或接触不良。 ④ 重锤式启动器 T 形架受阻不能上移，电流线圈断线。 ⑤ 过流过热保护器蝶形双金属片受阻不能复位闭合，电热丝烧断	① 检查线路，更换相应容量的保险丝，若松脱需插紧或焊牢。 ② 拆开压缩机，重新绕制绕组。 ③ 调整开关，使其闭合，若损坏，需更新温控器。 ④ 拆下重锤式启动器，修理或更换。 ⑤ 检查并调整至双金属片接点复位，如电阻丝烧断可更换新的
2	压缩机运转不停，箱内温度过低	① 温控器旋钮置于"不停"或"急冷"位置。 ② 温控器触点粘连。 ③ 温控器感温管尾部安放位置不当，不能感受蒸发器的温度变化。 ④ 压缩机效率降低	① 将旋钮转向中间位置。 ② 切断电源后，将温控器旋钮反复旋转，通电后应恢复正常，如仍不停，则应检修或更换。 ③ 调至适当位置，一般要求紧贴蒸发器表面。 ④ 检修或更换压缩机
3	压缩机运转不停，但不制冷	① 制冷剂全部泄漏。 ② 严重冰堵。 ③ 严重脏堵。 ④ 压缩机内高压缓冲，活塞穿孔，吸、排气阀片损坏，使吸、排气阀门短路等	① 仔细检漏和焊补，然后对制冷系统干燥抽空，充灌适量的制冷剂。 ② 对制冷系统重新干燥抽空，充灌适量的制冷剂。 ③ 更换毛细管和过滤器，然后检漏，干燥抽空，充灌适量的制冷剂。 ④ 拆开压缩机检查修理。如果阀片座出现凹凸不平，要进行研磨。然后检漏，干燥抽空，充灌适量的制冷剂
4	压缩机运转不停，但制冷效果差	① 存放食品过多，打开箱门次数太多。 ② 环境温度过高。 ③ 磁性门条失去磁性或变形，箱门翘曲。 ④ 制冷剂部分泄漏。 ⑤ 部分冰堵。 ⑥ 部分脏堵。 ⑦ 压缩机的活塞和气缸磨损，气门阀片和阀片座封闭不严	① 正确使用电冰箱即能恢复正常运转。 ② 环境温度高于 43℃运转不停，不算有故障。 ③ 更换磁性门条，修理箱门。 ④ 仔细检漏和焊补，然后对制冷系统干燥抽空，充灌适量的制冷剂。 ⑤ 对制冷系统重新干燥抽空，充灌适量的制冷剂。 ⑥ 更换毛细管和过滤器，然后检漏干燥抽空，充灌适量的制冷剂。 ⑦ 如果压缩机已使用 8 年以上，是正常磨损，应换新压缩机。如果不到 8 年，可拆开检查和修理

序　号	故障现象	故障原因	排除方法
5	冰箱运转时，压缩机过热	① 压缩机工作压力过高或系统内有空气。 ② 压缩机润滑不良。 ③ 轴承磨损。 ④ 冷凝器出口处滤器堵塞。 ⑤ 制冷剂充加过多。 ⑥ 电动机绕组短路。 ⑦ 电动机绕组接地。 ⑧ 电动机电源电压太低。 ⑨ 电容式电动机的电容损坏	① 检查高低压力，若过高要放掉少量制冷剂或排除空气。 ② 添加冷冻机油。 ③ 更换轴承。 ④ 疏通或更换过滤器。 ⑤ 排出过多的制冷剂。 ⑥ 拆除重绕。 ⑦ 将电动机拆开修理或重绕。 ⑧ 查明和纠正电压。 ⑨ 更换电容器

你在使用电冰箱过程中都遇到过哪些故障？是如何排除的？　说一说

小知识

一、电冰箱保养注意事项

（1）冷冻室结霜超过 5 mm 就会影响电冰箱的制冷效果，因此，不是自动除霜的冰箱，要定期除霜，这可保持良好的制冷效果、达到省电的目的。除霜后应进行内部清洗（用温水、少许洗涤剂洗后用清水擦净）。还应经常清洗、清扫压缩机、冷凝器，以保证良好的换热效果及节能效果。清洗时应拔下电源插头。

（2）应经常保持冷藏室冷凝水排出口的通畅。定期打扫冷凝器上的灰尘，使冷凝器正常散热。

（3）冰箱内严禁存放易燃、易爆、强酸、强碱类物品。

（4）电冰箱的门封处要经常检查，看是否清洁和变形。若有赃物应及时清除，若门封变形、老化应及时更换，以免影响密封性能。

二、电冰箱的使用

（1）电冰箱要放置在通风良好的地方，又要避开太阳光的直接照射和其他热源。箱体的侧面或后面至少要留出 10cm 以上空隙。箱底垫高 3cm 以上，以加速空气流动。切不可将电冰箱放置在煤气灶、火炉的旁边，以免影响冷凝器和压缩机的散热。

（2）检查电源电压是否符合要求。电冰箱使用的电源应为 220V、50Hz 单相交流电源，正常工作时电压波动范围为 187～242V。同时应使用带接地的插座。

（3）电冰箱在搬运、放置过程中倾斜角不要超过 45°。

（4）电冰箱里存储的食物宜用塑料袋包好或盖好，以防水分散失、结霜。

（5）尽量减少开门次数与缩短开门的时间。

（6）适当调整底角螺钉或衬垫，保持电冰箱水平，使其噪声最低。

（7）食物温度高于室温时应先冷却到室温再放进去。

（8）正确选择温控器调整温度。目前大多数的电冰箱冷藏室温控器的数字所代表的温度是相反的。也就是说数字越大，冰箱冷藏室的温度就越低。夏天将冰箱温度调节到 1 挡或者是 2 挡，从而达到更好的节能省电的效果。冬天应调整在 4、5 挡左右。春天和秋天的时候我们只需要将冰箱温度调节到 3 挡左右即可。

任务二　家用空调的认知

任务导入

家用空调实际上是家用空气调节器的简称。1902 年，美国人设计了世界上第一个空调系统，1906 年他以"空气处理装置"为名，申请了美国专利。今天，人们的生活中已经离不开空调了，而且空调也不再是简单的制冷，它向着节能化、多功能、智能化的方向不断迈进。

问题讨论

1. 你所见到的空调有哪几种类型？各有何特点？
2. 你在购买空调时都关注哪些因素？

基本知识

一、家用空调的种类及特点

（1）空气调节一般应包括以下 4 个方面。

① 温度调节。这是根据不同的要求，人为造成一定的环境温度。舒适性空调温度按国家标准，夏天为 24～28℃，冬天为 18～22℃。

② 湿度调节。空气过于潮湿或过于干燥都会使人感到不舒适。一般来说，冬季的相对湿度保持在 40%～50%，夏季的相对湿度保持在 50%～60%，人会感觉比较舒适。

③ 空气流速调节。人处于低速流动的空气中要比处在静止的空气中舒适，因此室内 0.1～0.2m/s 的变动低速气流对人体最适宜，空调器通常设有几挡不同的送风速度，在使用时人们就可根据需要进行调节。

④ 空气洁净度的调节。空气中悬浮状态的固体微粒或液体微粒统称为空气尘埃，它们很容易随呼吸进入气管、肺部而影响人们健康。而空调场所密封性较高，空气质量往往较差，因此空调器的空气净化和滤清功能就显得十分重要。

（2）空调器的种类。

① 按空调器主要功能分单冷型、热泵型、电热型、热泵辅助电加热型。单冷型空调器只能制冷，不能制热。热泵型空调器可一机两用，夏天可制冷，冬天可制热。它适用于环境温度-5℃以上的地区，而且制热时可节能，是靠系统换向完成的。室外气温越低制热效果越差。电热型空调器是在单冷型空调器的基础上增设一组电热丝加热装置，可以对室内空气进行加热。热泵辅助电加热型具有热泵型空调器的功能，并且在冬季严寒时，还可利用辅助电热来补偿热泵供热的不足。

② 按空调器的结构形式分整体式、分体式。整体式空调器通常安装在房间窗户处，或

038

在房间外墙上开设专用洞口安装，故又称窗式空调器，简称窗机。分体式空调器由室外机组和室内机组两大部分组成。室内机组可做成吊顶式、壁挂式、落地式、嵌入式和柜式等，如图3-5所示。

近几年来，由于对空调器产品进行科技开发和不断引进高新技术，空调器的功能有了新的突破和发展，除部分机型的控制采用液晶数字与图像显示的微电脑遥控器控制外，分体式空调器又向一拖二、一拖三等发展。所谓一拖二、一拖三，就是一台室外机组（含一台压缩机或两台压缩机）带数台室内机组，设置在多房间的空调系统。变频空调是近几年出现的新品种，它能精确控制室内温度，在一定程度上可节约电能，噪声更低，但成本较高。

(a) 窗式空调　　　　　　　(b) 壁挂式空调　　　　　　(c) 柜式空调

图 3-5　常见家用空调

窗式空调室内室外机处于一个机壳中，不需调试，但需在墙上或窗台开孔安装，且噪声较大，除特殊场合还在使用外，已逐渐淘汰。分体壁挂式空调安装方便、噪声低、美观，得到广泛使用。柜式落地式空调功率大，制冷能力强，常用在大面积制冷空间。一拖二、一拖三空调可节省室外机，提高制冷效率。

（3）空调器的型号及含义。

根据国家 GB7725—1996 标准规定，其型号表示如下。

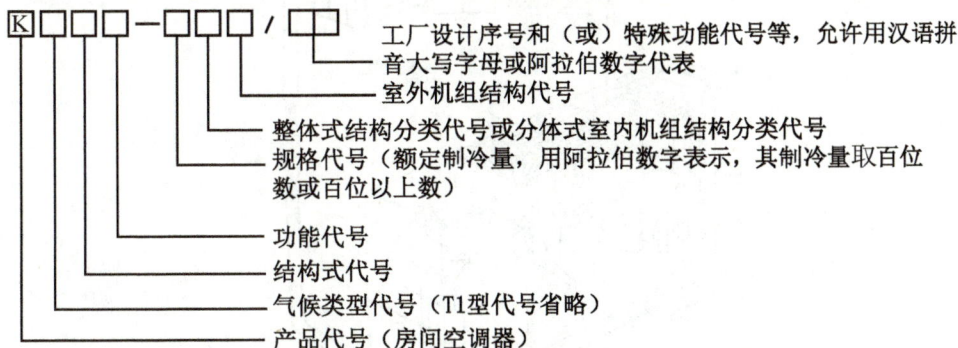

房间空调器代号为K；结构形式分为整体式或窗式（C）、分体式（F）；功能代号分为热泵型（R）、电热型（D）、热泵辅助型（Rd）、冷风型（略）；室内机组结构代号分为吊顶式（D）、壁挂式（G）、落地式（L）、嵌入式（Q）、台式（T）。

例如，KC-20 表示制冷量为 2000W 的冷风型窗式空调器，KFR-35G 表示制冷量为

3500W 的分体壁挂式热泵型空调器室内机组，KFR-35W 表示制冷量为 3500W 的分体壁挂式热泵型空调器室外机组。

（4）空调器的主要技术参数。

① 名义制冷量。名义制冷量是指标准工况下空调器单位时间内所产生的冷量，即空调器进行制冷运行时，单位时间内从密闭空间、房间或区域内除去的热量。单位为瓦（W）或千瓦（kW）。

我国空调器产品铭牌上的名义制冷量是在国家规定的标准工况下得出的，实测制冷量应不低于标准制冷量的 92%。标准工况为：室内侧干球温度为 27℃，湿球温度为 19.5℃；室外侧干球温度为 35℃，湿球温度为 24℃。

② 名义制热量。名义制热量是指空调器在标准工况下单位时间内所产生的热量。其标准工况为：室内侧干球温度为 21℃，湿球温度无要求。室外侧干球温度为 7℃，湿球温度为 5～6℃；电加热时，室外侧温度无要求。

③ 能效比。空调器进行制冷运行时，制冷量与制冷所消耗的功率之比，叫能效比。其单位是瓦/瓦。能效比高的空调器，产生同等制冷量消耗的电能就少。

④ 噪声。空调器的噪声是风机和压缩机产生的。相比而言，窗式空调器的噪声较大，而分体式空调器由于其压缩机放在室外机组，因此室内噪声较低。

二、分体壁挂式空调的组成

分体壁挂式空调的结构如图 3-6 所示。

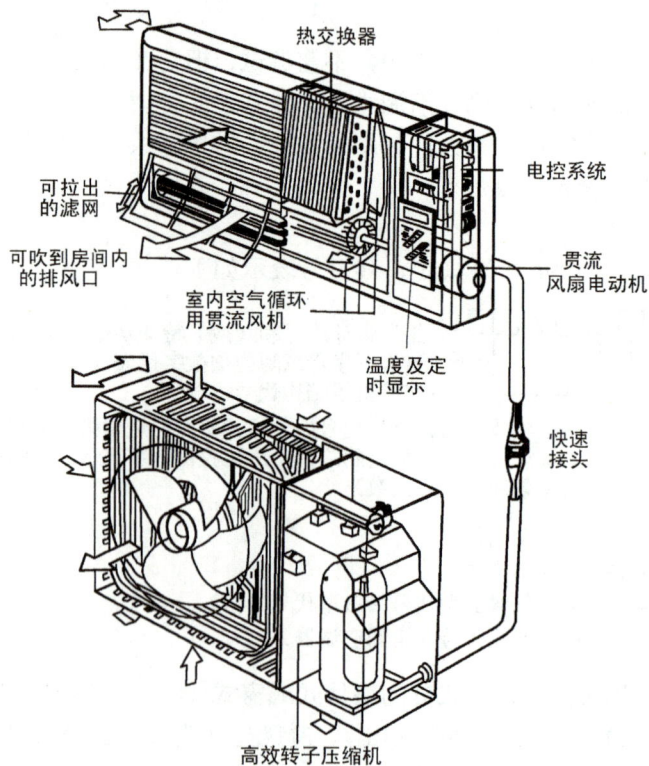

图 3-6　分体壁挂式空调器结构示意图

1. 室内机组

主要由外壳、蒸发器、贯流风扇及电气控制系统组成。

（1）外壳。空调器室内机组的外壳一般用流线型、圆弧面结合，表面再经过光亮、喷花处理，使得造型美观新颖。外壳的前面是进气格栅，其后是空气过滤器。外壳的后面装有与室外机组连接的制冷剂管道、电力输送线及控制线。

（2）蒸发器。又叫室内热交换器。一般斜装在机壳的前上部。

（3）贯流风扇。装在机壳的下部，这有利于室内空气的循环。出风口处装有调节送风方向的导风板。

（4）电气控制系统。包括微电脑控制器和电子温控器，具有无线遥控功能的空调器还设有遥控信号接收装置。

2. 室外机组

主要由外壳、底盘、压缩机、冷凝器、毛细管、电磁继电器、过载保护器和轴流风扇等组成。

（1）外壳。由钢板冲压而成。压缩机和风扇、冷凝器之间有隔板隔开。在外壳出风口处装有导风圈和排风护罩，在另一侧下方装有连接制冷剂管道的截止阀，在外壳侧面上方还装有一个用于连接制冷剂管道的截止阀。

（2）压缩机。压缩机包括储液罐都装在外壳底盘上。

（3）冷凝器。室外冷凝器又称为室外热交换器，由盘管穿越翅片组成，起散热或吸热作用。

（4）轴流风扇。加速室外换热器的热交换作用，装在底盘上。

（5）电磁四通阀（热泵）。用于改变制冷剂的流向，装在室外机上。

041

> 想一想　你还见到过哪些空调？它们有何特点？

三、空调使用过程中常见故障的处理

常见的故障及排除方法如表 3-2 所示。

表 3-2　普通分体式空调常见故障及排除方法

序　号	故障现象	故障原因	排除方法
1	空调器不能启动	① 停电或电源插头松动。 ② 保险丝熔断。 ③ 压缩机故障。 ④ 控制线路有问题。 ⑤ 风扇电动机烧毁。 ⑥ 启动电容故障。 ⑦ 控制开关损坏。 ⑧ 温控器损坏。 ⑨ 启动继电器故障。 ⑩ 线路绝缘损坏	① 查明停电原因，等待复电或接好插头。 ② 检查并更换保险丝。 ③ 修理或更换压缩机。 ④ 修理或更换风扇电动机。 ⑤ 检查并修复电路。 ⑥ 更换电容。 ⑦ 修复或更换开关。 ⑧ 更换温控器。 ⑨ 修理或更换启动继电器。 ⑩ 测试绝缘电阻，更换新线

续表

序　号	故障现象	故障原因	排除方法
2	空调器运转正常，但制冷（热）量不足	① 空气过滤网堵塞。 ② 蒸发器的散热片黏附灰尘。 ③ 冷凝器有脏物堵塞或积尘。 ④ 空调器新风门不密闭。 ⑤ 室外空气进入空调器房间。 ⑥ 系统中制冷剂泄漏，热交换媒介不足。 ⑦ 毛细管部分堵塞。 ⑧ 压缩机内阀片损坏，系统内高低压区无法形成。 ⑨ 压缩机过载保护器故障。 ⑩ 温控器故障。 ⑪ 风扇电动机转速慢或转向错误或扇叶打滑。 ⑫ 房间热负荷太大，房间人数太多，热源较多，空调器的制冷量偏小	① 检查过滤网，清理污尘。 ② 检查并清理灰尘。 ③ 检查清理。 ④ 检查有无缝隙并进行修理。 ⑤ 检查门窗关闭情况。 ⑥ 检查漏点，补焊后再检漏，抽真空，灌注制冷剂，最后封口。 ⑦ 清洗毛细管，用氮气吹净，保证其畅通，然后再焊回制冷系统。 ⑧ 更换压缩机或送有关部门修理，更换阀片。 ⑨ 检查并更换。 ⑩ 检查温控器感温管有无泄漏，调整触点开关，检查温控器位置是否适当，或更换。 ⑪ 检查连线是否错误，然后予以更正；检查电动机是否有局部短路，电容器是否有问题，予以修理更换；检查加固扇片。 ⑫ 减少房内人数，减少热源，选择制冷量恰当的空调器
3	蒸发器表面结冰	① 空气滤清器阻塞。 ② 室内风扇故障。 ③ 室温过低	① 清洗滤清器。 ② 检查室内风扇及电动机。 ③ 当室温低于21℃时进行制冷运行，蒸发器表面会结冰
4	压缩机运转，但室外机组风扇不转	① 室外风扇电动机故障线路间短路。 ② 室外风扇接触器接触不良。 ③ 风扇卡住。 ④ 保险丝熔断	① 检查电动机绕组，修理或更换电动机。 ② 检查并修复线路。 ③ 更换接触器。 ④ 查明卡住原因，修理或更换风扇
5	室内风扇不转	① 控制线路短路或断路。 ② 风扇电动机烧毁。 ③ 风扇卡住	① 检查修复控制线路。 ② 更换风扇电动机。 ③ 修理或更换风扇
6	压缩机不能停机	① 室内热负荷过大。 ② 温控器故障	① 去除多余热量。 ② 修理或更换温控器。
7	冷热切换失灵	① 四通电磁阀故障。 ② 冷热切换开关损坏。 ③ 逆止阀故障	① 更换四通电磁阀。 ② 更换冷热切换开关。 ③ 更换逆止阀
8	机组有异常声音	① 机组安装不稳。 ② 风扇叶轮碰壳。 ③ 压缩机内部破损。 ④ 风扇内进入异物。 ⑤ 电磁接触器有响声	① 重新安装，保证机组水平。 ② 修理或更换风扇。 ③ 更换压缩机。 ④ 取出风扇内的异物。 ⑤ 更换或调整接触器
9	空调器漏水	① 排水孔堵塞。 ② 排水管安装不当、不畅	① 检查清除堵塞物。 ② 重新安装，使排水畅通

你在使用空调过程中都遇到过哪些故障？是如何排除的？ 说一说

小知识

空调使用保养注意事项

家用空调器的日常维护和保养，是关系到空调器能否正常运行的重要环节。保养得好，不仅能避免出现故障，而且还会延长空调器的使用寿命。各类空调器的维护保养工作大体相同，主要包括面板及外壳的清洗、空气过滤网的清扫、机内清理等。

（1）面板及外壳的清洗。定期用干净的软布擦拭面板及外壳，也可用软布浸少许洗涤剂擦拭，不允许用水直接冲洗，不允许用汽油或其他腐蚀性强的化学物品洗涤。

（2）空气过滤网的清扫。空气过滤网积聚灰尘太多，将影响冷风（或热风）吹出，降低空调效果。所以每月至少要清洗 1 次。从空调器中取出空气过滤网，用不超过 40 ℃ 的温水、肥皂水或中性洗涤剂清洗，也可冲洗。为防止空气过滤网损坏或变形，不要用硬刷子刷或者敲打。清洗干净后，置于阴凉通风处晾干，不可曝晒或烘烤。

（3）机内清理。空调器内部应每年清理 1 次，用吸尘器或毛刷清理机内各个部件的灰尘，使之保持清洁。同时，给风扇电动机的注油孔加数滴润滑油（缝纫机油也可）。

做上述日常保养工作时，都必须先把空调器的电源插头拔下，切断电源以保证安全。

技能训练

空调的正确使用

空调器的型号不同，使用方法也有所不同，在使用前，应仔细阅读产品说明书，了解空调器的性能，知道空调器电气控制板上各种开关的作用，然后再按说明书进行正确的操作，下面重点阐述空调在使用过程中的注意事项。

（1）使用前应关闭所有门窗，以避免冷量或热量的损失。

（2）安装时，要注意空调器电源线所能承受的电流量，必须符合说明书的规定。也要核算电度表的负载能力。

（3）家用空调器使用的电压为单相交流220V±10%，大功率空调器要用到三相交流380V±10%，电网电压的波动超过此要求，就应采取稳压装置；否则，不但不能制冷，而且对压缩机的危害还很大。

（4）窗式空调器的外壳应可靠接地，确保安全。

（5）制冷停止后需要再进行制冷，或冷热型空调在进行制冷和制热转换时必须经过 5 分钟后才可进行，确保压缩机轻载启动。

（6）热泵型空调在室外温度低于－5℃时，应采用电辅助加热或停止使用。

任务三　家用中央空调的认知

任务导入

随着人们生活水平的不断提高，人们对住宅的舒适性要求也越来越高。对别墅型住宅和密集型住宅的需求，催生了家用中央空调的诞生。家用中央空调（又称为家庭中央空调、户式中央空调）是一个小型化的独立空调系统。在制冷方式和基本构造上类似于大型中央空调。由一台主机通过风管或冷/热水管连接多个末端出风口，将冷暖气送到不同区域，来实现室内空气调节的目的。它结合了大型中央空调的便利、舒适、高档次及传统小型分体机的简单灵活等多方面优势，具有节能和舒适性兼顾的特点，是适用于别墅、公寓、家庭住宅和各种工业、商业场所的暗藏式空调。

问题讨论

1. 什么样的住宅适合使用中央空调？
2. 中央空调较普通分体式空调有何优点？

基本知识

一、家用中央空调的种类及特点

按照输送介质的不同，可以将家用中央空调分为风管式系统、冷/热水机组及多联机型系统三种类型。

（1）风管式系统。风管式系统的家用中央空调就是以空气作为输送介质，利用冷水机组集中制冷，将新风冷却或加热后，与回风混合送入室内。如果没有新鲜风源，风管式系统家用中央空调就只能将回风冷却或加热。此类家用中央空调成本较低，而且新风系统能够更好地提高空气质量，使用户倍感舒适，如图3-7所示。

图3-7　风管式系统

（2）冷/热水机组。这类家用中央空调的输送介质通常选用乙二醇溶液或直接选用水。它可通过室外主机产生出空调所需冷/热水，由管路系统输送到室内的各个末端装置，并与室内空气进行热量交换，从而产生冷/热风。由于此类家用中央空调的风机盘管可以调节风机转速，对每个空调房间都能进行单独调节，因此在节能方面表现卓著。

（3）多联机型系统。这里所谓的"多联机型系统"就是制冷剂流量系统。这类家用中央空调以压缩制冷剂为输送介质，一台压缩机就可带动多台室内机，室外主机则有外侧换热器、压缩机及其他多个附件组合而成。而室内机则由直接蒸发式换热器和风机组合而成。制冷剂通过管路由室外机送至室内机，通过控制管路中制冷剂的流量及进入室内各散热器的制冷流量，来满足不同负荷房间对热湿的要求。此类家用中央空调的优点在于可以满足不同房间的需求，同时在节能方面表现也同样出色，如图3-8所示。

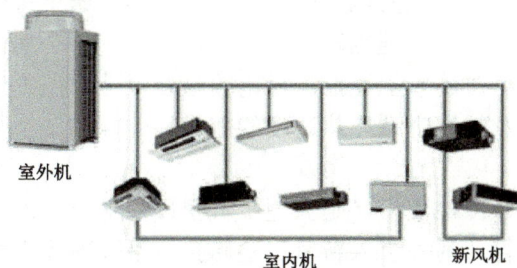

图 3-8　多联机型系统

与普通分体式空调相比较，家用中央空调有着无可比拟的优势，它拥有嵌入式、卡式、吊顶、落地式等十几种样式，每种样式又有许多型号相对应，送风方式可供选择的方案多达数百种，给用户提供了很多选择机会。它还有许多与室内装修相配的装修方案供用户选择，能够真正满足用户的个性化需求。概括起来主要体现在以下几个方面。

（1）四季运行。夏季制冷机组运行实现冷调节；冬季冷机配合热源共同使用，可以实现冬季采暖。在春秋两季可以用新风直接送风，达到节能、舒适的效果。

（2）舒适感好。采用集中空调的设计方法，送风量大，送风温差小，房间温度均匀。送风方式多样化，不同于分体式空调只有一种送风方式，家用中央空调可以实现多种送风方式，能够根据房型的具体情况制订不同的方案，增加人体的舒适性。同一空间的温差在±1℃，不会得"空调病"。

（3）卫生要求好。能够合理补充新风，配合厨房、卫生间的排风，保证室内空气的新鲜卫生，还可以四季换气，满足人体的卫生需求。这些都是分体式空调所不能实现的。

（4）外形美观。可根据用户需求与喜好，实施从设计到安装的综合解决方案。系统采用暗装方式，能配合室内的高档装修。同时由于室外机组的合理安置也不会破坏建筑物的整体外形美观。

（5）高效节能。采用模块化主机，根据设置自动调节制冷量。合理地将白天生活和晚上生活区域分别安装空调，实现室内分区控制，各个室内可独立运行，分别调节各个区域内的空气。根据实际负荷进行自动化运行，冷暖费用直接转化为电费，开机计费，节约能源和运行费用，比家用空调省电30%。

（6）运行宁静。采用主机和室内机分离的安装方式，送风回风系统设计合理，噪声极低，保证了宁静的家居环境。

（7）灵活方便。根据用户需要可以将一台设备以切换方式为两个环境提供冷气。系统主机相当于一台小型中央空调，可安装在阳台或储藏间等隐蔽处，能同时满足多个房间的冷热需求。各房间均装有智能控制器，可单独控制，随意调温和启停。

（8）制热运行因地制宜。可以使用集中供热的热水，也可安装小型挂墙式燃气热水器作为能源，实现热水盘管冬季采暖。可以使用热泵式空调机采暖。在热量不足时，用燃气热水器及热水盘管加热。

（9）耐用。运行可靠，故障率极低，维护量极小，使用寿命比家用空调长一倍，达15～20年。

二、家用中央空调的组成

（1）风管式系统的组成。

一台定频室外机，一台定频室内机，通过风管把冷热风送至每个房间，可方便将室外新风引入；对空气进行加湿等集中处理也较容易，设计合理，每个房间的噪声仅增加 1～3dB，卧室不必吊顶，每个房间可在高于主温控器设定的温度以上对温度进行控制；可以有一定比例的能量转移，达到节能及加快空调冷热速度的效果。

（2）冷热水机的组成。

分定频冷热水机或变频冷热水机，是大型中央空调的缩小。冷凝器由水冷变成风冷；用水泵将冷热水送至风机盘管。另外引入新风、检修孔、吊顶冷凝水排放、噪声指标与多联机相同，但又增加了冷热水管；单独房间使用空调，其他房间风机盘管有冷热水管流过，会产生能耗；现多采用电磁水阀来关闭水路。

（3）多联机组的组成。

① 定频多联机。把分体空调集中到一个室外机中，最多一拖三，里面有三台压缩机，冷媒系统各自独立；把明装壁挂室内机改变成暗藏式；引进新风困难，是分体空调的一种变形。每个内机都需有冷凝水排放的管路。冷媒系统独立，但电路部分有共用点。

② 定、变频一拖多。其中有 1～2 台变频压缩机或另加 1 台定频压缩机，电路上有射频干扰，对计算机网络有影响。这种制冷方式，上、下层共用 1 台机器，对管路要求更高。

> 你都在哪些地方见到过中央空调？它们有何特点？

三、家用中央空调使用过程中常见故障的处理

常见的故障及排除方法如表 3-3 所示。

表 3-3 家用中央空调常见故障及排除方法

序号	故障现象	故障原因	排除方法
1	家用中央空调不运转	① 停电或电源插头松动。 ② 保险丝熔断。 ③ 压缩机故障。 ④ 控制线路有问题。 ⑤ 风扇电动机烧毁。 ⑥ 启动电容故障。 ⑦ 控制开关损坏。 ⑧ 温控器损坏。 ⑨ 中央空调运行有没有设置定时模式。 ⑩ 是不是遥控器中的电池没有电了。 ⑪ 制冷设置高于室温，制热低于室温。 ⑫ 线路绝缘损坏	① 查明停电原因，等待复电或接好插头。 ② 检查并更换保险丝。 ③ 修理或更换压缩机。 ④ 检查并修复电路。 ⑤ 修理或更换风扇电动机。 ⑥ 更换电容。 ⑦ 修复或更换开关。 ⑧ 更换温控器。 ⑨ 正确设置定时模式。 ⑩ 更换遥控器电池。 ⑪ 正确设置空调温度。 ⑫ 测试绝缘电阻，更换新线
2	空调器运转，但制冷（热）量不足	① 空气过滤网堵塞。 ② 蒸发器的散热片黏附灰尘。 ③ 冷凝器有脏物堵塞或积尘。	① 检查过滤网，清理污尘。 ② 检查并清理灰尘。 ③ 检查清理。

序号	故障现象	故障原因	排除方法
2	空调器运转，但制冷（热）量不足	④ 家用中央空调温度设计情况是否符合需求。 ⑤ 室内的热源是否太多，人员是否过于密集。 ⑥ 室外空气进入空调器房间。 ⑦ 系统中制冷剂泄漏，热交换媒介不足。 ⑧ 压缩机内阀片损坏，系统内高低压区无法形成。 ⑨ 温控器故障。 ⑩ 风扇电动机转速慢或转向错误或扇叶打滑	④ 重新核算。 ⑤ 检查人员情况。 ⑥ 检查门窗关闭情况。 ⑦ 补漏，添加制冷剂。 ⑧ 更换压缩机或送有关部门修理，更换阀片。 ⑨ 检查温控器，调整触点开关，检查温控器位置是否适当，或更换。 ⑩ 检查连线是否错误，然后予以更正；检查电动机是否有局部短路，电容器是否有问题，予以修理更换；检查加固扇片
3	系统实测风量大于设计风量	① 系统的实际阻力小于设计阻力。 ② 设计时选用风机容量偏大	① 可以改变风机的转数。 ② 关小风量调节阀，降低风量
4	室内噪音大	① 风机噪声高于额定值。 ② 风管及阀门、风口风速过大，产生气流噪声。 ③ 风管系统消声设备不完善	① 请测定风机噪声，检查风机叶轮是否碰壳，轴承是否损坏，减震是否良好，对症处理。 ② 调节各种阀门、风口，降低过高风速。 ③ 增加消声弯头等设备
5	系统总送风量与总进风量不符，差值较大	① 风量测量方法与计算不正确。 ② 系统漏风或气流短路	① 复查测量与计算数据。 ② 检查堵漏，消除短路
6	室内气流速度分布不均有死角产生	① 气流组织设计考虑不周。 ② 送风口风量未调节均匀，不符合设计值	① 应根据实测气流分布图，调整送风口位置或增加送风口数量。 ② 应调节各送风口风量使与设计要求相符
7	风机不转	① 停电或电压低。 ② 配线错误或接线端子松脱。 ③ 电动机故障或开关接触不良。 ④ 电容器不良	① 等待复电或查明原因。 ② 修复。 ③ 用万用表检查后修复或更换。 ④ 更换
8	机组有异常声音	① 机组安装不稳。 ② 风扇叶轮碰壳。 ③ 压缩机内部破损。 ④ 风扇内进入异物。 ⑤ 电磁接触器有响声	① 重新安装，保证机组水平。 ② 修理或更换风扇。 ③ 更换压缩机。 ④ 取出风扇内的异物。 ⑤ 更换或调整接触器
9	空调器漏水	① 排水孔堵塞。 ② 排水管安装不当、不畅	① 检查清除堵塞物。 ② 重新安装，使排水通畅
10	风机转但不出风或风量少	① 电源电压异常。 ② 反转。 ③ 风口有障碍物。 ④ 空气过滤器堵塞	① 查明原因。 ② 改变接线。 ③ 去除。 ④ 清洗

047

如果你使用过中央空调，请说一说在使用过程中都遇到过哪些故障？你是如何排除的？

说一说

小知识

家用中央空调保养注意事项

（1）家用中央空调主机装上防护罩。可以防止恶劣的天气对空调主机的损坏，而且还能防水、防尘，对保持中央空调的清洁卫生，延长中央空调的使用寿命有很大帮助。

（2）定期清洗。一般一个月清洗一次。清洗的时候将过滤网抽出来，最好用吸尘器把上面的尘土吸干净，也可以用清水冲洗干净，晾干后装入空调才可使用。而在灰尘较多的环境下，过滤网更需要经常清洗，以防止灰尘太多堵死出风口，影响制冷效果。

（3）使用前看说明书。使用家用中央空调之前，应仔细阅读空调说明书，检查遥控器电池电力是否充足，空调运行是否正常，如果出现异常应请专业技术人员解决，不可随意强行开机，否则会对家用中央空调造成不必要的损害。

（4）长期不用要除尘。若启用长期不用的家用中央空调时，应先撤除室外机的防尘罩，并查看散热片是否积灰过多。如果空调冷凝器、蒸发器有较多灰尘，不可随意用水冲洗，否则会使水进入压缩机，影响空调的正常使用，应请专业技术人员清洗。

（5）每个月至少开机一次。即使长期不使用家用中央空调，也应该保持每个月至少开机一次，否则，家用中央空调中的工作核心压缩机里的润滑油会凝结，下次使用会卡死压缩机，最终导致空调无法正常使用。

（6）注意检查插头。经常检查家用中央空调的空气调节器插头与插座接触是否正常，如果发现在空调运行时电源插头引出线过热，很可能是因为电线太细或插头与插座接触不良，应及时采取措施，以防发生用电事故。

（7）经常检查管线。水系统的家用中央空调，用户要经常检查管路连接处是否漏水，多联机形式家用中央空调，要经常观察联机系统和风管系统，观察制冷剂管路接口部位是否有制冷剂泄漏。若发现有油渍，说明有制冷剂泄漏，要及时处理，以免长时间的泄漏造成制冷效果不好，或不制冷。

技能训练

家用中央空调的正确使用

在使用家用中央空调之前，消费者应该仔细阅读使用手册。下面重点阐述家用中央空调在使用过程中的注意事项。

（1）电源容量应够用并有可靠的专线连接。

（2）要想有效地节省电能，用户就要注意调节室温，当家用中央空调处于制冷状态时，室内温度最好定高一度，而处于制热状态时，室内温度最好比设定温度低两度。经实验证实此种方法可以有效省电10%以上。

（3）为有效延长家用中央空调的使用寿命，用户应定期清扫过滤网，最好做到半月清扫一次。

（4）使用质地较厚、透光的窗帘布能够减少室内外热量交换，利于节省电能。减少门窗开关次数也利于节能。

（5）不要将家用中央空调的出风口挡住，这样不仅会浪费电力，同时也会降低空调制冷/制热效果。

（6）在家用中央空调处于制冷工作状态时，用户将出风口向上调节，而处于制热工作状态时，将出风口风叶向下调节，将得到显著效果。

（7）在使用过程中，用户应该控制好开机及工作状态时的设定。开机时，可将其设置成高风挡，以最快速度达到控制目的，当空调运转一定时间后，温度适宜就可以将其设置成为中、低风挡，这样能有效降低能耗及噪声分贝。

（8）在安装家用中央空调之前，用户不仅要考虑室内机位置，而且也要考虑室外机位置。这里建议大家将其放置在易散热处。

（9）室内、外之间的连接线不宜过长。

综合训练

一、家用制冷器具市场调研

活动要求：

（1）教师向同学们说明本次调研活动的范围、目的、内容及注意事项。

（2）学生凭借已经学过的制冷器具的"基本知识"，利用课余时间走进家电市场，先以顾客身份向营销人员做采购咨询，在此过程中进行调查研究。对于出现的问题，可上网查询，训练自主学习的意识和能力。

（3）返回课堂后分小组进行讨论。讨论过程中，教师给予必要的引导。

（4）组长负责记录，小组发言人报告研讨结果。

（5）教师对本次活动的开展情况进行评价；对存在争议的一些问题加以澄清；对表现好的小组和个人予以表扬或奖励，尤其要鼓励学生的创造性思维。

活动成果：

完成小组研讨记录表（表3-4）。

表3-4 _____小组研讨记录表

研讨问题	研讨结果
1. 目前市场上销售的家用制冷器具都有哪些？	
2. 说出各类家用制冷器具的优点和不足。	
3. 根据市场实际销售情况，分别在小组内评出3种最畅销的家用制冷器具品种？	
4. 顾客购买家用制冷器具时主要考虑哪些方面？最多询问的问题有哪些？你作为销售员如何回答？	

研 讨 问 题	研 讨 结 果
5. 在给顾客介绍商品时有何沟通技巧？言语中应注意哪些问题？	
6. 当一名合格的家电营业员，应该具备哪些方面的知识？	
7. 应以什么样的心态面对不同的顾客？	

二、营销训练

家用制冷器具的营销训练内容如表 3-5 所示。

表 3-5　利用角色扮演法进行家用制冷器具的营销训练

项　目	内　容	备　注
小组		
小组成员		
训练目的	让学生在角色扮演的游戏中，锻炼家用制冷器具的营销技能。同时检验和进一步熟悉家用制冷器具的结构、特点，分类方面的专业知识	
训练形式	以小组为单位，每小组成员分成三部分进行分工：一部分扮演顾客，另一部分扮演营销员，还有一部分扮演物流员。进行模拟商品的选购与推销。对于已经购买的商品，由物流员负责为顾客模拟送货（注意送货的程序，例如，如何以最快的速度进行登记地址、装运、安装、试机与到顾客家中应注意的事项等）。 小组以外的其他同学和老师在一旁观看，并一起担当评判员。当小组活动结束时，提出评判意见，指出亮点和不足之处。然后由评判同学无记名投票打出分数，或由教师最后打出分数	一个小组表演完换另一个小组。顾客也可以扮演一家人，家庭主妇、老人等。可以有目的的购买，或只是随便看看、问问等。检验营销人员如何对待各种顾客
训练道具	若干家用制冷器具（最好课本中讲到的各准备一种，不具备条件的可用照片、模型代替等，但要标上价格与电器类型等）、桌子、椅子等	每小组也可选择一部分家用制冷器具
销售业绩		以销售额或销售数量作为参考
自我评判	成功之处：	
	不足之处：	
观众评判		
教师评判		
综合分数		

三、根据以下问题发表见解

1. 为什么说空调是"三分买，七分装"？

2. 电子产品整机经销商应具备哪些条件？

3. 广告媒体的种类有哪些？你认为好的商品广告应该是怎样的？

办公电子产品认知

（一）认知目标

（1）了解计算机、复印机、投影仪的种类。

（2）掌握计算机、复印机、投影仪的基本结构。

（3）熟悉计算机、复印机、投影仪的使用保养。

（二）技能目标

（1）熟练演示和调试计算机、复印机、投影仪各种功能。

（2）能够讲解计算机、复印机、投影仪使用维护事项和分析使用故障的排除方法。

（三）情感目标

（1）培养学生的沟通能力及团队协作能力。

（2）培养学生分析问题、解决问题的能力。

（3）培养学生的应变能力。

任务一　计算机的认知

任务导入

1946 年，世界上第一台电子管计算机诞生，之后随着计算机物理器件由电子管发展为晶体管，再发展为集成电路，计算机自身也向微型化和专业化方向发展。目前市场销售的主要是个人计算机，主要包括台式机、笔记本电脑等几大类型的计算机产品。

问题讨论

1. 台式机和笔记本电脑有何区别？

2. 在购买计算机时你都会考虑哪些因素？

基本知识

一、计算机的种类及特点

计算机俗称电脑，是一种用于高速计算的电子计算机器，不仅可以进行数值计算，也可以进行逻辑计算，还具有存储记忆功能，是一种能高速处理海量数据的现代化智能电子设备。计算机一般可分为超级计算机、工业控制计算机、网络计算机、个人计算机、嵌入式计算机五类。平时大家接触较多的是个人计算机，个人计算机一般又分为台式机、电脑一体机、笔记本电脑、掌上电脑（PDA）、平板电脑。

计算机主要具有以下特点。

（1）运算速度快。计算机内置有芯片，可以高速准确地完成各种算术运算。当代计算机系统的运算速度已经达到每秒万亿次，微机也可以每秒亿次以上。

（2）计算精确度高。一般计算机可以有十几位甚至几十位（二进制）有效数字，计算精度可达到百万分之几，精度非常高。

（3）逻辑运算能力强。计算机不仅能进行精确计算，也可以进行逻辑运算，能对信息进行比较和判断。

（4）存储容量大。计算机内部的存储器具有记忆特性，可以存储大量信息。

（5）自动化程度高。计算机可以在程序控制下，连续自动地工作，不需要人的干预。

（6）性价比高。计算机越来越普及，给人们的生活和工作带来了极大方便。

问一问

你使用过什么计算机？它们有何特点？

二、计算机的组成

计算机一般由主机、显示器、键盘、鼠标（即输入/输出设备）组成，其中主机是计算机的核心部分，计算机整体结构如图 4-1 所示。人们通常把内储器、运算器和控制器合称为计算机主机。运算器、控制器制作在一个大规模集成电路块上称为中央处理器，即 CPU（Central Processing Unit），也就是说主机是由 CPU 和内存储器组成的。计算机的重要部件如 CPU、内存、芯片组等一般都安插在主板上，主板示意图如 4-2 所示。

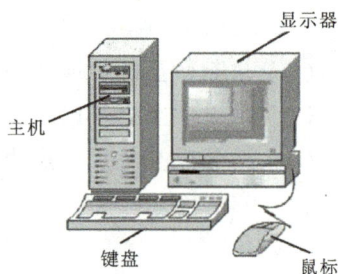

图 4-1　计算机架构

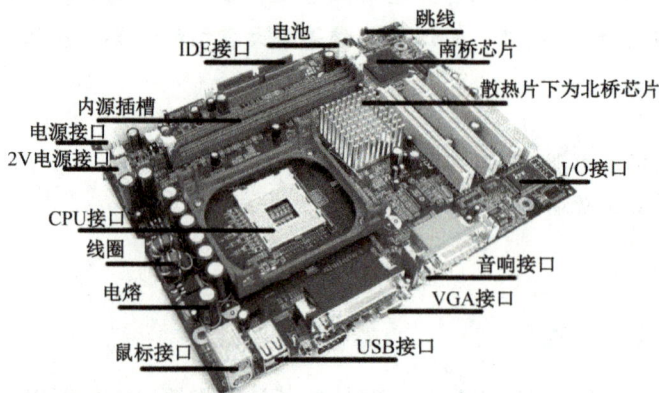

图 4-2　计算机主板示意图

三、计算机使用过程中常见故障的处理

计算机使用过程中常见的故障及解决方法如表 4-1 所示。

表 4-1　计算机常见故障及处理方法

序　号	故 障 描 述	处 理 方 法
1	桌面不显示图标，但有开始任务栏	①右击桌面→排列图标→显示桌面图标。 ②右击桌面→属性→桌面（标签）→自定义桌面→把需要的显示项目选中
2	桌面 IE 图标不见了	右击"计算机"→资源管理器→在窗口左侧选择"桌面"→把这里的 IE 图标拖到桌面上即可
3	开机后找不到 D 盘	这是因为在组策略里面把 D 盘隐藏起来了，解决方法：开始→运行→GPEDIT→用户配置→管理模板→Windows 组件→资源管理器→从我的电脑中隐藏这些驱动器。打开后把它设置成"未配置"
4	系统无缘无故重启	首先看硬件是否有问题（CPU 风扇是不是好的），如硬件没有问题则多数是因为系统有病毒了，安装杀毒软件杀毒即可
5	我的电脑右下边的小喇叭不见了	开始→设置→控制面板→声音和音频设备，将"音量调节图标放入任务栏"选中
6	电脑右下角的网络连接的图标不见了	开始→设置→网络连接→本地网络连接→属性→连接后在通知区域显示图标
7	系统越来越慢	操作系统使用时间长，多少都会出现系统越来越慢的情况，这是因为有很多垃圾文件的原因，可以使用"优化大师、超级兔子"等工具优化一下恢复
8	计算机不能连接网络	这种问题要分几步：① 先看网线是否接好（电脑的右下角的地方有一个两台电脑的图标，上面是否有一个红色的 X，如果有，说明网线没有接好，重新接好网线就可以解决问题）；② 看计算机的 IP 是否正确，如不正确，把它改正过来就可解决；③ 以上两点都没问题，那就是当前网络不通
9	开机后显示器没有任何显示	出现这种情况一般都是硬件故障，主要原因为内存条有问题。计算机中出现问题的硬件一般是内存条、显卡、主盘、电源这几个大的器件，其中内存条出现问题的机会和可能性最大。处理方法为：拔下内存，再开机，看系统会不会报内存错误，如果报错，说明是内存原因，可以把内存的金手指用干净的白纸擦拭干净后，插到主板内存条插槽内，再次开机一般可以解决这种问题。如果还不能解决问题，就更换一根内存条
10	内存条是好的，开机后显示器没有任何显示	出现这种情况，有可能是 BIOS 出现了问题，计算机使用时间长，主板上的 BIOS 电池会因为掉电而导致里面的设置出错，从而使计算机无法启动。解决方法是：清一次 BIOS 电池（靠近 BIOS 电池的跳线从 1、2 跳 2、3 再跳到 1、2）

053

你在使用计算机过程中都遇到过哪些问题？是如何排除的？　说一说

小知识

计算机使用保养注意事项

（1）在使用计算机过程中，应该定期升级所安装的杀毒软件，给操作系统打补丁、升级引擎和病毒定义码，不要打开不认识的邮件，不要随意下载软件，不要随意浏览黑客网站，定期对计算机进行一次全面杀毒、扫描工作，网上下载的程序或者文件在运行或打开前要对其进行病毒扫描，长时间不使用计算机的时候，应该将计算机和显示器关闭，遇到雷雨天气的时候应该关闭计算机和显示器，同时拔掉电源。

（2）使用计算机时应该注意不要频繁开关机，系统挂起时（死机），应该尽量用热启动或 Reset 键启动，不要在计算机附近吸烟，不要将茶水放在计算机旁，在放置计算机的房间不要放置容易产生静电的物品。

（3）显示器是计算机所有部件中较贵的一个部件，因此平时要注意保养。发热是导致显示器老化的主要原因，因此在夏日如果温度高于30℃，最好使用空调降温。灰尘对显示器的影响也非常大，会造成电子元件的接触不良、短路，所以计算机应该尽量使用防尘罩。

（4）硬盘用来存放数据，十分重要，一般来说造成硬盘损伤的直接原因是震动，因此防震至关重要。首先，在装机时应该将硬盘牢牢地固定在机箱的机架上，每侧至少要用两颗以上的螺丝固定并拧紧，避免震动，其次，注意机箱放置的平稳性，以防止机箱震动，最后，在开机运行时不要移动机箱，避免机箱中硬盘震动。

（5）每隔一段时间，应该将键盘倒过来，轻轻拍打背面，灰尘、杂物便会落下，然后用餐巾纸或干软布擦一下键帽即可。对于笔记本电脑键盘，可以买配套的键盘膜贴在键盘上防止灰尘。在使用鼠标过程中要注意防水、防摔。无线鼠标的使用要注意保持感光板的清洁和感光状态良好，且长时间不使用无线鼠标，请将电池取出，以防电池过度放电发生漏液，腐蚀电池金属弹片。

技能训练

计算机的正确使用与调试

选择一台计算机，按照以下步骤操作。

（1）如果是台式机，首先将显示器、机箱、键盘、鼠标按照使用说明书配套连接线正确连接，并接通电源，按电源键开机；如果是笔记本电脑，插上电池，接通电源，按电源键开机。

（2）安装操作系统。根据个人需要选择安装具体操作系统（个人使用一般是 Windows 7）。

（3）按照使用说明书，根据需要设置计算机启动密码、硬盘密码等。

（4）将计算机连接网络（台式机用有线网络，笔记本用有线或无线网络），根据需要下载软件，如杀毒软件、输入法、浏览器、办公软件、娱乐通信工具等。

（5）按照使用说明书，根据需要设置桌面、屏幕保护、分辨率等。

任务二　复印机的认知

任务导入

　　1950年第一台静电复印机问世，自此以后，复印机的研究和生产发展迅速，人们的生活中也越来越多用到复印机，因此，了解复印机的基本知识和使用对电子类专业的学生很有必要。

问题讨论

　　1. 什么是数码复印机？有何特点？
　　2. 你在购买复印机时都关注哪些知识？

基本知识

一、复印机的种类及特点

　　我们常说的复印机是指静电复印机，它是一种利用静电技术进行文书复印的设备。按工作原理，复印机一般分为模拟复印机和数码复印机。随着信息化时代的到来，数字化技术更广泛地应用于人们的工作生活中，数码复印机以其卓越的图像质量、多样化的功能（复印、传真、网络打印等）、高可靠性等特点成为复印设备的主导产品。

　　数码复印机相对于模拟复印机具有以下特点。

　　（1）一次扫描，多次复印。数码复印机只需要对原稿进行一次性扫描，存入复印机存储器中，即可随时复印所需的多页份数。

　　（2）数码复印机具有图像和文字分离识别功能，在处理图像与文字混合的文稿时，复印机能以不同的处理方式进行复印，因此文字可以鲜明地复印出来，而照片则以细腻的层次变化的方式复印出来。

　　（3）很容易实现电子分页，并且一次复印后的分页数量远远大于模拟复印机加分页器所能达到的份数。

　　（4）数码复印机能提供强大的图像编辑功能，如自动缩放、单向缩放、自动启动、双面复印、组合复印、重叠复印、图像旋转、黑白反转等多种编辑效果。

　　（5）数码复印机采用先进的环保系统设计，无废粉、低臭氧、自动关机节能、图像自动旋转，减少废纸的产生。

　　想一想　你接触过哪些复印机？它们有何特点？

二、数码复印机的组成

　　复印机主要由机架、扫描器、进纸器、显影仓、硒鼓、纸盒等组成，其外形结构如图4-3所示。

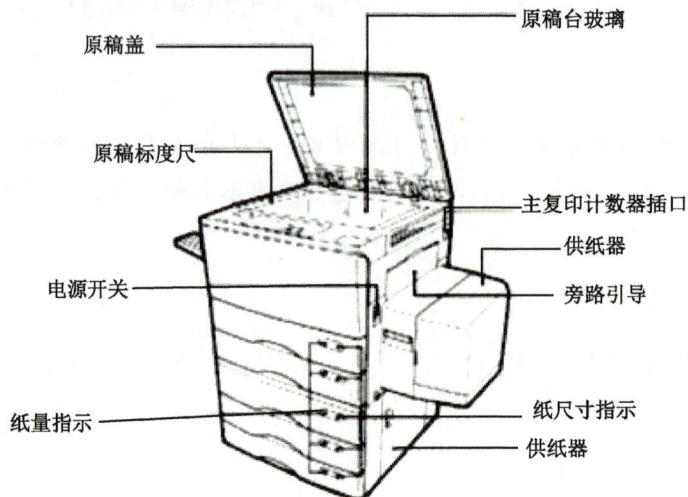

原稿盖

原稿标度尺

原稿台玻璃

主复印计数器插口

供纸器

旁路引导

电源开关

纸量指示

纸尺寸指示

供纸器

图 4-3　复印机外形结构

三、复印机使用过程中常见故障的处理

复印机使用过程中常见的故障及排除方法如表 4-2 所示。

表 4-2　复印机常见故障及排除方法

序号	故障现象	故障原因	排除方法
1	复印机复印出的复印件全黑	① 曝光灯管损坏。 ② 曝光灯控制电路故障。 ③ 光学系统故障。 ④ 充电部件故障	① 观察曝光灯是否发光，不发光时可检查灯脚接触是否良好。是否为曝光灯管损坏、断线或灯脚与灯座接触不良等。 ② 曝光灯控制电路出现故障，检查各处电压是否正常，无电压时应检查控制曝光灯的电路是否有故障，必要时更换电路板。 ③ 复印机的光学系统被异物遮住，使曝光灯发出的光线无法到达感光鼓表面，清除异物。反光镜太脏或损坏，以及反光角度改变，光线偏高，无法使感光鼓曝光，清洁或更换反光镜，调整反光角度。 ④ 二次充电部件故障，检查充电电极的绝缘端是否被放电击穿，电极与金属屏蔽罩联通（有烧焦痕迹），造成漏电
2	复印件全白	① 感光鼓上有图像时，转印电极丝故障或转印电极高压发生器故障。 ② 感光鼓上无图像时，充电电极丝、充电电极高压发生器、控制显影器的离合器其中之一或全部故障	① 检查更换转印电极丝或者检修更换高压发生器。 ② 检查更换充电电极丝、充电高压发生器、离合器
3	复印件歪斜	① 原稿在稿台玻璃上的位置不对。 ② 纸盒安装不对	① 检查原稿在稿台玻璃上的位置是否正确。 ② 检查纸盒安装是否正确

续表

序号	故障现象	故障原因	排除方法
4	复印件上沿复印件输出方向出现明显的纵向黑色线条	① 转印/分离电极导杆松动或变形等原因引起感光鼓表面被划伤。 ② 定影辊表面有划伤。 ③ 定影装置出口滚轮损伤或分离爪损坏。 ④ 感光鼓表面上有色粉黏附	① 调整更换转印/分离电极导杆。 ② 检修更换定影辊。 ③ 检修更换定影装置出口滚轮和分离爪。 ④ 清洁感光鼓
5	复印件上沿复印件输出方向出现不规则的波浪形黑线或黑条	① 清洁装置脏污。 ② 硒鼓上黏附有小颗粒异物或载体造成清洁刮板刃口被损坏	① 保持清洁装置干净。 ② 检修更换清洁刮板刃口
6	卡纸	① 纸卡在输纸道内，输纸离合器失控或输纸道内有异物。 ② 纸卡在分离器处，分离带松、掉、断，或气吸分离、吸纸力不足，使纸粘在鼓上或进入清洁箱内。 ③ 纸停在传输部，传输皮带松动老化；机器底部吸气风扇工作是否良好；中部纸路检测开关或传感器是否灵敏。 ④ 纸卡在定影部或出纸口处，为定影辊问题	① 调整更换输纸离合器或清除输纸道内异物。 ② 撤换分离带，调整气吸量和气位置。 ③ 检修传输皮带、机器底部吸气风扇、中部检测开关和传感器是否正常。 ④ 检查定影辊压力是否太大；定影辊传动齿轮固定是否良好；定影辊硅油是否太多；定影辊是否脏污；定影辊分离爪是否老化

057

小知识

复印机使用保养注意事项

（1）在日常使用中，首先确保复印机工作在一个干净的环境中，让复印机远离灰尘的侵袭，同时也要让它远离水，另外不要在复印机面板上放置太重的物品；其次不要让类似硬币、回形针或图钉之类的金属，掉入到复印机内，以免这些金属接触到工作电路板，导致复印机内部电子元器件工作短路，从而损坏复印机；再次无论在插拔电源、线缆，还是排除卡纸故障等，都必须将复印机电源切断后，再进行操作，否则，复印机的寿命将会不知不觉被缩短；最后在清洁复印机时，请不要使用化学溶剂，也不要使用质地比较硬的湿布来清洁复印机内部的灰尘、碎纸屑、污渍，更不要使用类似面巾纸之类的纸制品，清洁复印机内部，以免将纸屑残留在复印机里。

（2）硒鼓保养方面，必须将硒鼓妥善地放置到阴暗干净、平整的地方，不能用手去触摸硒鼓，因为手上的油脂会永久地破坏硒鼓表面，从而影响复印效果。同时要注意，在取出硒鼓时，发现复印机内部有许多废粉存在的话，必须及时将它清理掉，再接通电源进行工作。

（3）清洁稿台玻璃时，应避免用有机溶剂擦拭，因为稿台玻璃上涂有透光层和导电涂层，这些涂层不溶于水，而溶于有机物质。

技能训练

复印机的正确使用与调试

选择一台复印机，按照以下步骤操作。

（1）将复印机和计算机连接，并在计算机上安装相应的复印机驱动，将复印机接通电源，按下电源开关，启动复印机。

（2）按照复印机使用说明书，根据实际需要，按下数字键设定复印份数，若设定有误可按"C"键清除重新设定。

（3）按照复印机使用说明书，设定复印倍率，根据复印机型号不同，放大或缩小倍率有区别时，可根据说明书进行设置。

（4）按照复印机使用说明书，调节复印浓度。一般无须调整浓度，但如果原稿纸颜色较深则可将复印浓度调浅，字迹线条细，不十分清晰的情况则应将浓度调深些，根据需求按照说明书进行操作。

（5）设置单面复印还是双面复印，不同型号复印机功能不同，操作方式也不尽相同，请根据使用说明书进行设置。

（6）设置完毕后，将原稿件放置在曝光玻璃上，原稿应与其左后角对齐，然后按下"复印"按钮开始复印。

任务三　投影仪的认知

任务导入

1640年，作为投影仪前身的幻灯机诞生，之后，随着科技的进步，投影仪发展迅速，且逐步向轻、小、薄、低噪声、高可靠性等方向发展。投影仪被广泛应用在教育、商务、政府、家庭娱乐等行业。作为电子类专业的学生以后接触投影仪概率很大，因此有必要掌握一些投影仪的基本知识。

问题讨论

1. 你接触过哪些投影仪？有何特点？
2. 你在购买投影仪时都关注哪些知识？

基本知识

一、投影仪的种类及特点

投影仪又称为投影机，是一种可以将图像或视频投射到幕布上的设备，可以通过不同的接口同计算机、VCD、DVD、BD、游戏机、DV 等相连接播放相应的视频信号。投影仪广泛应用于家庭、办公室、学校和娱乐场所，根据工作方式不同，有 CRT 投影仪、LCD 投影仪、DLP 投影仪等不同类型。目前市场上销售的投影仪主要是 LCD 投影仪和 DLP 投影仪两种。

不同投影仪的优缺点如下。

（1）CRT（Cathode Ray Tube，阴极射线管）技术成熟，显示的图像色彩丰富，还原性好，具有丰富的几何失真调整能力，但是 CRT 投影仪的亮度值始终徘徊在 300lm 以下，且其操作复杂，机身体积大，只适合安装于环境光较弱、相对固定的场所，不宜搬动。

（2）LCD（Liquid Crystal Display，液晶投影仪）是投影仪市场上的主要产品。LCD 投影仪色彩还原较好，分辨率可达 SXGA 标准，体积小、质量轻、携带方便。

（3）DLP（Digital Light Processor，数字光处理器）投影仪，画面质量细腻稳定，尤其在播放动态视频时图像流畅，没有像素结构感，形象自然，但是出于成本和机身体积考虑，目前 DLP 投影仪色彩上不如 LCD 投影仪。

二、投影仪的组成

投影仪主要是由屏幕、平面镜、镜头、投影片和灯光组成的。其中平面镜的作用是改变光的传播方向，使得射向天花板的光能在屏幕上成像。镜头是一个凸透镜，成的是一个放大倒立的实像。投影仪组成示意图如图 4-4 所示。

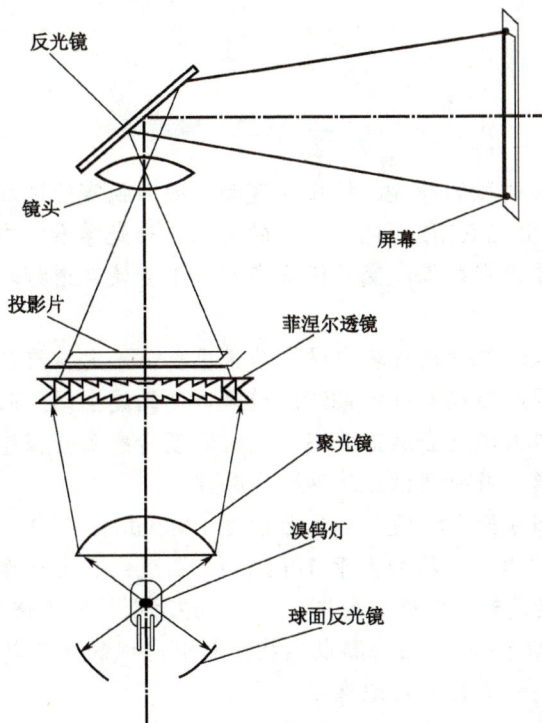

图 4-4　投影仪组成示意图

三、投影仪使用过程中常见故障的处理

投影仪使用过程中常见的故障及解决方法如表 4-3 所示。

表 4-3 投影仪常见故障及处理方法

序号	故障现象	故障原因	排除方法
1	投影仪连接笔记本电脑时，无输出影像	笔记本电脑外接显示设备时，有四种显示输出控制，无影像输出时可能是输出控制方式不对	切换笔记本电脑键盘功能键
2	投影仪输出图像不稳定，有条纹波动	投影仪电源信号与信号源信息不共地	将投影仪电源与信号源设备电源线插头插在同一电源接线板上
3	投影图像重影	连接电缆性能不良	更换信号线
4	投影仪使用一段时间后，投影画面出现不规则的斑点	投影仪使用较长时间后，机壳内会吸入灰尘，表现为投影画面出现不规则斑点	为保证机器正常运行，需要由专业人员定期对机器进行清洗、吸尘，斑点会消失
5	投影图像出现竖线、不规则曲线	图像亮度是否有问题，镜头是否需要清洁	调整图像的亮度，检查投影仪镜头是否需要清洁，调整投影仪上的同步和跟踪设置
6	投影仪使用中，突然自动断电，过一会又开机恢复	机器使用中过热时会启动投影仪中热保护电路，造成断电	在使用中注意切勿堵塞或遮盖投影仪背部和底部的散热通风孔
7	投影仪不能显示计算机上的全部内容	投影仪与计算机的显示分辨率不匹配	将计算机的分辨率设置成与投影仪相匹配的大小

小知识

投影仪使用保养注意事项

（1）机械方面。严防强烈的冲撞、挤压和震动，因为强震能造成液晶片的位移，影响放映时三片 LCD 的会聚，出现 RGB 颜色不重合的现象，而光学系统中的透镜，反射镜也会产生变形或损坏，影响图像投影效果；变焦镜头在冲击下会使轨道损坏，造成镜头卡死，甚至镜头破裂无法使用。

（2）光学系统。在投影机使用环境中防尘非常重要，一定要严禁吸烟，因烟尘微粒更容易吸附在光学系统中。因此要经常或定期清洗进风口处的滤尘网。而当进风口及滤尘网被堵塞，气流不畅时，投影机内温度会迅速升高，这时温度传感器会报警并立即切断灯源电路。所以，保持进风口的畅通，及时清洁过滤网十分必要。

（3）灯源部分。大部分投影机使用金属卤素灯（Metal Halide），在点亮状态时，灯泡两端电压为 60～80V，灯泡内气体压力大于 10kg/cm，温度则有上千度，灯丝处于半熔状态。因此，在开机状态下严禁震动，搬移投影机，防止灯泡炸裂，停止使用后不能马上断开电源，要让机器散热完成后自动停机，在机器散热状态断电造成的损坏是投影机最常见的返修原因之一。另外，减少开关机次数对灯泡寿命有益。

（4）电路部分。严禁带电插拔电缆，信号源与投影机电源最好同时接地。这是由于当投影机与信号源（如 PC）连接的是不同电源时，两零线之间可能存在较高的电位差。当用户带电插拔信号线或其他电路时，会在插头插座之间发生打火现象，损坏信号输入电路，由此造成严重后果。

你在使用投影仪过程中都遇到过哪些故障？是如何排除的？

说一说

技能训练

投影仪的正确使用与调试

选择一台投影仪，按照以下步骤操作。

（1）将投影仪连接电源，按下电源开关，打开投影仪，当投影仪指示灯闪烁时说明设备处于启动状态，当指示灯不再闪烁时说明已经启动成功。

（2）将投影仪和计算机相连，计算机的分辨率要调成和投影仪一致，在电脑属性→设置→分辨率中可以设置。

（3）按照投影仪使用说明书，进行缩放和调焦。缩放旋钮和聚焦环一般在投影仪侧面。转动缩放旋钮，可以在缩放范围内调整图像大小；转动聚焦环可以调整屏幕画面的焦距。

综合训练

一、市场调查和网络查询

活动要求：

（1）教师向同学们说明本次活动的目的、内容及注意事项。

（2）学习本项目之后小组分工，利用课余时间走进计算机、复印机、投影仪市场和人流集中区域调查研讨问题，并上网查询，加以完善。

（3）讨论过程中，教师给予必要的引导。

（4）组长负责记录，小组发言人报告研讨结果。

（5）教师对本次活动的开展情况进行评价；对存在争议的一些问题加以澄清；对表现好的小组和个人予以表扬或奖励，尤其要鼓励学生的创造性思维。

活动成果：小组研讨记录表（表4-4）。

表4-4 _____ 小组研讨记录表

研讨问题	研讨结果
1. 市场上销售的计算机、复印机、投影仪主要有哪几种类型？以产品品牌为例。	
2. 各种品牌的计算机、复印机、投影仪有何特点？	
3. 顾客购买计算机、复印机、投影仪时最多询问的问题有哪些？你作为销售员如何回答？	

二、办公电子产品营销训练

办公电子产品营销训练的内容如表4-5所示。

表 4-5　利用角色扮演法进行办公电子产品的营销训练

项　目	内　容	备　注
小组		
小组成员		
训练目的	让学生在角色扮演的游戏中，锻炼办公电子产品的营销技能。同时检验和进一步熟悉产品的特点、使用、保养等方面的专业知识	
训练形式	以小组为单位，每小组成员分成三部分进行分工：一部分扮演顾客，另一部分扮演营销员，还有一部分扮演物流员。进行模拟商品的选购与推销。对于已经购买的商品，由物流员负责为顾客模拟送货（注意送货的程序，例如，如何以最快的速度进行登记地址、装运、安装、试机与到顾客家中应注意的事项等）。 小组以外的其他同学和老师在一旁观看，并一起担当评判员。当小组活动结束时，提出评判意见，指出亮点和不足之处。然后由评判同学无记名投票打出分数，或由教师最后打出分数	一个小组表演完换另一个小组。顾客也可以扮演一家人，家庭主妇、老人等。可以有目的的购买，或只是随便看看、问问等。检验营销人员如何对待各种顾客
训练道具	若干办公电子产品（最好课本中讲到的各准备一种，不具备条件的可用照片、模型代替等，但要标上价格与电器类型等）、桌子、椅子等	
销售业绩		以销售额或销售数量作为参考
自我评判	成功之处： 不足之处：	
观众评判		
教师评判		
综合分数		

三、根据以下问题发表见解

　　1. 电子产品网购的优缺点在哪里？

　　2. 如何接待挑三拣四的顾客？

　　3. 家电产品销售员应注意哪些礼节？

模块二

电子产品营销

项目五

电子产品市场分析

教学目标

(一)认知目标

(1)理解市场、市场营销的概念。

(2)了解市场营销观念的发展过程。

(3)熟悉电子产品市场分析因素。

(4)掌握电子产品市场营销环境和消费者购买行为分析方法。

(二)技能目标

(1)树立正确的市场营销观念。

(2)具备电子产品市场营销环境分析的能力。

(3)具备电子产品消费者购买行为分析的能力。

(三)情感目标

(1)具备一定的沟通和协作能力。

(2)具备一定的分析和决策能力。

(3)具备一定的创新能力。

任务一　市场营销基础认知

任务导入

案例 5-1：海尔洗衣机"无所不洗"

海尔公司的营销人员在调查四川农民使用洗衣机的情况时发现，在盛产红薯的成都平原，每当红薯大丰收的时节，许多农民除了卖掉一部分新鲜红薯，还要将大量的红薯洗净后加工成薯条。但红薯上沾带的泥土洗起来费时费力，于是农民就动用了洗衣机……更深一步的调查发现，在四川农村有不少洗衣机用过一段时间后，电机转速减弱、电机壳体发烫。向农民一打听，才知道他们冬天用洗衣机洗红薯，夏天用它来洗衣服。这令海尔科研人员萌生一个大胆的想法：发明一种洗红薯的洗衣机。1998 年 4 月投入批量生产。洗衣机型号为 XPB40-DS，不仅具有一般双桶洗衣机的全部功能，还可以洗地瓜、水果甚至蛤蜊，价格仅为 848 元。首次生产了 1 万台投放农村，立刻被一抢而空。

每年的 6 月至 8 月是洗衣机销售的淡季，每到这段时间，很多厂家就把促销员从商场里撤回去了。调查发现，不是老百姓不洗衣裳，而是夏天里 5 公斤的洗衣机不实用，既浪费水又浪费电。于是，海尔的科研人员很快设计出一种洗衣量只有 1.5 公斤的洗衣机——小小神童。

"只有淡季的思想，没有淡季的市场。"在西藏，海尔洗衣机甚至可以合格地打酥油；在安徽，海尔洗衣机可以洗龙虾。海尔通过多年以来的技术储备和市场优势的积累，在快速启动的洗衣机市场上占尽先机，在其他企业以降价和推销为手段大力开拓市场时，海尔仍然以高价优质服务赢得了市场，市场份额继续高居全国第一。

正是海尔公司以顾客为中心，以市场需求为导向，重视市场调查，获取重要的调查资料来指导企业的生产和经营活动，组织有系统的市场营销，才取得了今天的成就。

问题讨论

1. 为什么海尔 XPB40-DS 型号洗衣机在农村市场销售火爆？
2. 海尔洗衣机为何追求"无所不洗"？

基本知识

一、市场的概念

1. 市场的含义

从市场营销学的角度讲，市场是现实需求与潜在需求的统称，即哪里有需求，哪里就有市场。对于一个企业而言，产品生产出来并定价后，如果有人愿意以此价格购买这种产品，这就意味着企业的产品有市场。愿意购买、又有能力购买的人越多，或有效购买力越大，说明产品的需求量大，企业的市场就越大。因此，从企业营销的角度来讲，市场是指某种产品的现实购买者与潜在购买者（可能的购买者、有潜在购买需求的人或组织）需求的总和。它由三个要素组成：人口、购买力和购买欲望。

（1）人口是指人口数量的多少。人口数量的多少决定着市场容量的大小；人口的结构影响着市场需求的内容与结构。

（2）购买力是指消费者支付货币购买商品或劳务的能力。在人口既定的条件下，购买力就成为市场容量的重要因素之一。市场的大小，直接取决于购买力的大小。

（3）购买欲望是指消费者购买商品或劳务的愿望、要求和动机，是把消费者的潜在购买力转变为现实购买力的重要条件。

一般而言，人口的多寡与生活必需品的销量密切相关；购买力的高低与高价品、奢侈品的销量密切相关；而购买欲望则较多地与消费者的个性相关联。

电子产品整机市场是指由一切对电子产品整机具有特定需要和欲望，并且愿意和能够从事交换来使需要和欲望得到满足的潜在顾客所组成的群体。

问一问

新疆、江苏、海南三个省哪个市场最大？

2. 市场的分类

从市场营销角度，根据购买者特点及使用目的不同，市场可分为消费者市场和组织市场。

（1）消费者市场。消费者市场是指个人或家庭为了生活消费而购买商品或服务的市场。这一市场庞大而分散，是整个社会经济活动为之服务的最终市场。

消费者是电子产品整机的主要买主，消费者市场是电子产品整机经营活动为之服务的最终市场。因此，电子产品整机消费者市场是电子产品整机经营者最为重视和重点研究的对象。

（2）组织市场。组织市场又包含了三大组成部分，即生产者市场、中间商市场和政府市场。

① 生产者市场。生产者市场也称为工业市场或产业市场。生产者市场中，人们采购货物或劳务的目的是加工生产其他产品，并将这些产品销售或出租，以从中赢利。

② 中间商市场。中间商市场是指那些购买商品和服务并将之转售或出租给他人，以获取利润为目的的组织需求。中间商市场中，批发商、各类零售商和代理商购买产品的目的是在消费者市场上出售这些产品而获利，因此中间商市场又被称为转售者市场。如苏宁电器股份有限公司是我国一家大型家电连锁零售企业，其经营的商品包括空调、冰箱、彩电、音像、小家电、通信、电脑、数码等上千个品牌，20多万个规格型号的电子产品。

③ 政府市场。政府市场是指那些为执行政府的主要职能而采购或租用商品的各级政府单位。政府市场上的购买者是政府的采购机构。政府市场是一个庞大的市场，受到电子产品整机生产经营者的普遍重视。

3. 市场的特点

（1）分散性。消费者市场以个人或家庭为购买和消费的基本单位，购买者众多、市场分散，购买的目的是为了满足生活需要，主要通过零售商购买，每次购买的量小。

（2）差异性。消费者人多面广，差异性大。不同年龄、性别、兴趣爱好、受教育程度、收入水平的消费者有着不同的需求特点。

案例 5-2：美国通用电气的面包烤箱在日本市场受挫

美国通用电气公司在 20 世纪 60 年代将其在欧洲非常畅销的家用面包烤箱推向日本市场，并大做促销广告，结果日本消费者反映非常冷淡，因为虽然日本人和美国人一样，饥饿也需要吃东西，可日本人饥饿时的欲望是米饭而不是面包，而面包烤箱是不能烤大米的。后来，通用电气公司认识到自己所犯的错误，为了满足日本人的需要，该公司发明了我们大家现在所熟悉的电饭煲。电饭煲的工作原理和作用与面包烤箱一样，但却满足了日本人的需要，随之产生了极大的产品需求。现在电饭煲已风靡全球，非常畅销。

（3）多变性。产品更新换代周期短，新产品层出不穷，越来越多的消费者追逐消费潮流，需求多变。消费者更加关注产品的性能、外表款式乃至产品品位，而对一成不变的产品感到厌倦。

（4）替代性。产品种类繁多，同种产品的生产厂家多，产品之间往往可以互相替代。因此，消费者选择余地大，经常在替代品之间进行购买选择，导致购买力在不同产品、品牌和企业之间流动。

（5）非专业性。产品消费者大多缺乏相应的产品知识和市场知识，其购买行为属非专业性购买。他们对产品的选购受广告宣传的影响较大，其购买行为具有很大程度的可诱导性。

二、市场营销的概念

市场营销是指通过交换以满足目标顾客的需要和欲望，从而实现企业赢利目标的综合性经营销售活动。理解市场营销的含义主要从以下 4 个方面进行。

1. 市场营销活动的目的是追求利润

市场营销的最终目标也是企业经营管理的目标，即追求经济效益的最大化，实现企业的生存和发展。市场营销不是一般的管理活动而是一种战略管理活动。

2. 市场营销活动的中心是达成交易。

市场营销的基本核心思想是以顾客为中心，企业的营销活动自始至终都围绕着顾客、为顾客服务、满足顾客需求展开。

3. 市场营销活动的出发点是了解和引导消费者的需求。

企业要实现自己的经营目标，就要对顾客需求进行分析，尽可能大的满足顾客需要。随着社会经济的发展，顾客需求的个性化特征越来越明显，而且变化异常快捷。这就需要了解顾客的需要，运用各种营销手段刺激和引导消费者产生新的需求。

4. 市场营销活动的手段是展开综合性的经营销售活动

企业必须搞好市场调研、选择目标市场、产品开发、产品定价、分销渠道选择、产品推广、产品储存和运输、产品销售、售后服务等一系列与市场有关的工作。通过向顾客提供能满足顾客需要的产品或服务并使顾客选择和接受这种产品或服务来实现企业的经营目标。

想一想 "市场营销就是市场销售"，这种说法对吗？

三、市场营销观念的发展过程

近百年来。市场营销观念随着经济增长和市场供求关系的变化，大致经历了生产观念、产品观念、推销观念、市场营销观念和社会市场营销观念 5 种。

1. 生产观念

生产观念认为：生产是最重要的因素，只要生产出有用的产品，就不愁卖不出去。"我生产什么，就卖什么"是这种观念的典型反映。他们认为消费者喜欢那些价格低廉并可以随处买到的产品，企业的中心任务是如何提高劳动生产率，降低生产成本，增加产量和扩大销售覆盖面。

2. 产品观念

奉行产品观念的管理者，十分迷恋自己的产品，坚信消费者能够鉴别出产品优异的质量和功能，无须大力推销，顾客会主动找上门来并愿意出高价购买质量上乘的产品。因此，奉行产品观念容易患"营销近视症"，即过分重视产品质量，看不到市场需求及其变动，只知道责怪顾客不识货，而不反省自己是否根据需求为顾客提供了其真正想要的东西。

3. 推销观念

推销观念认为，消费者通常会有购买迟钝或抗拒购买的表现。如果任其自然，消费者通常不会购买本企业太多的产品，因此，企业必须大力开展推销和促销活动，刺激消费者购买或更多地购买他们的产品。奉行推销观念的厂商特别注重运用推销术和广告术，激发现实和潜在的消费者对产品的兴趣和购买欲望，促使其购买。在他们看来，产品是"被卖出去的"，而不是"被买走的"。所以很少研究顾客真正需要是什么，只是利用各种推销手段来刺激需求，争取顾客，扩大销售，而轻视了其他营销工作，把强行推销和铺天盖地的广告当作是市场营销的全部。事实上，推销只是产品研发、定价、分销等一系列市场营销活动的一部分。

4. 市场营销观念

市场营销观念认为，企业的一切经营活动应该以顾客为中心，正确地界定目标市场，比竞争者更有成效地去组织研发、生产和营销，更有效地满足顾客的需求和欲望。市场营销观念与前面三种观念的最大区别在于：市场营销观念是以买方需要为中心，通过帮助消费者满足其需要而获得相应报酬；而推销观念则是以卖方需要为中心，满足卖方迫切要把产品换成现金的需要。前者是通过为别人服务而获得自身发展，而后者则是一种自利的考虑。

5. 社会市场营销观念

社会市场营销观念是对市场营销观念的重要修改和补充。他认为，企业提供产品不仅要满足消费者的需要和欲望，而且要符合消费者和社会的长远利益，求得企业自身利益、消费者利益和社会长远利益三者之间的平衡。企业不能为了赚钱而只满足消费者的需求，不顾社会利益，应该树立良好的社会形象，给社会大众留下一个关心和爱护社会的好印象。这就要求企业在制定营销策略时，要平衡兼顾企业利润、消费者需求和社会利益。

"好酒不怕巷子深"的观念在当今市场行得通吗？为什么？　说一说

小故事

寻找鞋子市场

美国一鞋业公司的老板派他的财务主管到一非洲部落去了解公司的鞋能否在那里找到销路。一个星期后，这位主管发回电报："这里的人不穿鞋，因而这里一点市场都没有。"

接着，该公司的经理决定派公司最好的推销员到这个部落进行详细调查。一个星期后，推销员发回电报："这里的人不穿鞋，是一个巨大的市场"。

经理为弄清情况，再派他的市场营销副经理去解决这个问题。两个星期后，市场营销副经理发回电报："这里的人不穿鞋，但他们有脚疾，穿鞋子对脚会有好处。他们的脚比较小，所以我们必须另行设计我们的鞋子，而且必须在教育'穿鞋有益'方面花一大笔钱，在这之前还必须得到部落首领的同意。这里的人没什么钱，但他们产有我曾尝过的最甜的菠萝。因而我们的一切费用包括推销菠萝给一家欧洲连锁超市的费用都将得到补偿。总体算来，我们还可以赚得垫付款30%的利润。我认为我们应该毫不迟疑地去干。"

任务二　电子产品营销环境分析

任务导入

案例 5-3：彩电业大环境不佳　TCL 出售股权为经营减负

2011 年 7 月，一则 TCL 出售 TCL 王牌电子（深圳）有限公司 100%股权的消息引发了人们的关注。难道曾经家喻户晓的王牌彩电已经结束历史使命？TCL 相关负责人表示，此次出售有助于盘活旗下闲置资产、加快液晶电视产业升级战略。出售完成后，TCL 多媒体更专注于相关液晶产业，并能实现收益约 2 亿元，可实现净利润约 1.05 亿元。

有分析认为，TCL 集团出售 TCL 王牌电子（深圳）有限公司 100%股权的背后是该公司主业不兴的窘境。数据显示，2009 年和 2010 年，该公司分别实现净利润 4.7 亿元和 4.33 亿元，同比分别下滑了近 6%和 8%。2010 年扣除非经营性损益后，亏损 2.33 亿元，净利润同比下降 209%。

实际上，TCL 主业不兴和彩电行业大环境不佳有关。经过两年多的快速增长期，国内平板电视市场开始步入成熟期，城市的销量已在下滑。数据显示，今年前 5 个月，国内城市平板电视市场销量已出现 1% 的负增长。得益于农村市场的增长，国内平板电视前 5 个月销量才保持 2.7% 的正增长。而据有关调查显示，由于宏观经济原因，加上家电下乡和以旧换新等政策红利刺激效应的减弱，国内平板电视市场已现疲软态势。

问题讨论

1. TCL 集团为何要放弃经营多年的 TCL 王牌彩电？
2. TCL 集团为何要加快液晶电视产业升级？

基本知识

一、市场营销环境的概念

市场营销环境是指影响企业市场营销活动及其目标实现的各种因素和动向，它分为宏观环境和微观环境。市场营销环境是客观存在的，企业不能选择、改变，但可以努力去适应环境，主动规避市场环境威胁，使企业的生存环境朝着有利于企业的方向发展。

电子产品生产经营企业通过分析市场营销环境，可以避免环境威胁，发现市场营销机会，采取适合的营销策略。

二、电子产品宏观营销环境分析因素

电子产品宏观营销环境是指会对电子产品营销提供市场机会或造成环境威胁的主要社会力量。它主要由人口因素、经济环境、政治法律环境、社会文化环境、自然环境、科技环境等因素构成。

1. 人口因素

人口因素包括人口的年龄结构、性别结构、教育与职业结构、家庭结构、社会结构和民族结构。

（1）年龄结构。不同年龄的消费者对商品的需求不同。如年轻人对时尚电子产品感兴趣，喜欢追赶潮流；老年人对保健按摩器等医疗保健产品有需求；儿童喜欢电动玩具等。

（2）性别结构。反映到市场上就会出现男性用品市场和女性用品市场。

（3）教育与职业结构。受教育程度高的消费者往往追求高雅、美观；受教育程度低的消费者往往讲究价廉、实用。职业不同，收入水平、生活和工作条件不同，对商品的设计、款式、包装、价格等的要求也不尽相同。

（4）家庭结构。家庭的数量和家庭平均人口的多少，以及不同类型的家庭，往往有不同的消费需求。如一个国家或地区的家庭单位、家庭平均人员多，对电视机、空调、洗衣机、厨房电器等耐用消费品的需求就大；小型家庭往往对家电要求小型精巧。

（5）社会结构。我国绝大部分人口为农业人口，约占总人口的 80% 左右。这样的社会结构要求电子产品经营企业应充分考虑到农村这个大市场。

（6）民族结构。民族不同，其文化传统、生活习性也不相同，消费需求也有自己的风俗

069

习惯。电子产品经营要重视民族市场的特点，开发适合民族特性、受其欢迎的商品。如海尔开发了能打酥油的洗衣机，深受欢迎。

2. 经济环境

它包括收入、消费支出、产业结构、经济增长率、货币供应量、银行利率、政府支出等因素。其中消费者收入、支出和国家经济增长情况对电子产品营销影响较大。

3. 政治法律环境

政治法律环境是影响企业经营的重要宏观环境因素，包括政治环境和法律环境。政治环境引导着企业营销活动的方向，法律环境则为企业规定营销活动的行为准则。

（1）政治环境是指企业市场营销活动的外部政治形势。一个国家的政局稳定与否，会给企业营销活动带来重大的影响。如果政局稳定，人民安居乐业，就会给企业经营造成良好的环境。相反，政局不稳，社会矛盾尖锐，秩序混乱，就会影响经济发展和市场的稳定。

（2）法律环境是指国家或地方政府所颁布的各项法规、法令和条例等，它是企业营销活动的准则，企业只有依法进行各种营销活动，才能受到国家法律的有效保护。

4. 自然环境

自然环境是指自然界提供给人类各种形式的物质资料，如阳光、空气、水、森林、土地等。电子产品生产经营企业应关注自然环境变化的趋势，并从中分析企业经营的机会和威胁，制定相应的对策。

5. 科技环境

科学技术是社会生产力中最活跃的因素，它影响着人类社会的历史进程和社会生活的方方面面，对企业营销活动的影响更是显而易见。现代科学技术突飞猛进，科技发展对企业经营活动影响作用表现在以下几个方面。

（1）科技发展促进社会经济结构的调整。每一种新技术的发现、推广都会给有些企业带来新的市场机会，导致新行业的出现。同时，也会给某些行业、企业造成威胁，使这些行业、企业受到冲击甚至被淘汰。例如，计算机的运用代替了传统的打字机，复印机的发明排挤了复写纸，数码相机的出现将夺走胶卷的大部分市场等。

案例 5-4：燕舞的"兴"与"衰"

江苏燕舞电器集团有限公司始建于 1968 年，20 世纪 80 年代，企业抓住改革开放的机遇，从一个名不见经传的小厂迅速发展成为全国最大的收录机生产基地。20 世纪 80 年代中后期，燕舞音响曾以较高的质量畅销全国。"燕舞，燕舞，一片歌来一片情"的广告词响彻大江南北。跨入全国大型工业企业 500 强的行列，销量连续 8 年在全国收录机行业领先。

1993 年，燕舞在全国音响市场普遍萧条的情况下，实施了"创名牌、进名城、到名店"的战略，努力开拓国内外市场，从而再铸辉煌。燕舞音响在全国获得了四个第一：中外组合音响知名度第一；满意度国内组合音响第一；全国市场收录机产品竞争力调查评价项目第一；主要经济技术指标第一。

但是，当时燕舞的负责人没有把力量放在新产品开发、技术革新和继续开拓市场上，而是把几千万元存在银行吃利息。以为这样就可以高枕无忧。影碟机刚露头，燕舞却觉得"没有前途"，依然陶醉于录音机。不久，影碟机迅速取代录音机，燕舞产品出现积压，销路不畅，很快被挤出了市场。几千万元存款不到几年就花光了，企业垮台，工人下岗，燕舞音响从此销声匿迹。

（2）科技发展促使消费者购买行为的改变。随着多媒体和网络技术的发展，出现了"电视购物"、"网上购物"等新型购买方式。企业也可以利用这种系统进行广告宣传、市场调研和推销商品。随着新技术革命的进展，"在家便捷购买、享受服务"的方式还会继续发展。

6. 社会文化环境

文化主要是指一个国家、地区或民族的文化传统，包括一定的态度和看法、价值观念、宗教信仰、生活方式及风俗习惯等。这些因素也会影响人们的消费观念或购买行为，从而影响企业的市场营销活动。

在中国的风俗习惯中，元旦、春节、端午、中秋等是非常重要的节日，这些节日前往往是人们购物的高峰期。这也是电子电器产品经营企业开展促销活动的最佳时机。

> 还有哪些情况影响电子电器产品市场？ 说一说

三、电子产品微观营销环境分析因素

电子产品经营企业的微观营销环境主要是指对企业营销活动发生直接影响的条件和因素，如企业自身、供应商、营销中介、最终顾客、竞争者和公众等。

1. 企业自身

（1）企业的最高管理层。由董事会、董事长、总经理及其他办事机构组成的最高管理层是企业的最高领导核心，负责制定企业的经营目标和战略，营销者只有在最高管理者规定的范围内做出各项决策，并得到上层的批准才能付诸实施。

（2）与营销相关的其他部门。如企业财务、采购、制造、研发、仓储、运输等都会对电子产品经营企业的营销能力造成直接影响。

2. 供应商

供应商是指向企业及其竞争者提供生产产品和服务所需资源的企业或个人。供应商对电子产品经营企业营销活动的影响主要表现在供货的稳定性与及时性、供货的价格变动和供货的质量水平。

3. 营销中介

营销中介是指为企业营销活动提供各种服务的企业或部门的总称。电子产品营销中介主要有中间商、辅助商等。

（1）中间商是指协助企业寻找顾客或直接与顾客进行交易的商业企业。中间商分两类：

代理中间商和经销中间商。代理中间商如代理人、经纪人，专门介绍客户或与客户磋商交易合同，但并不拥有商品持有权。经销中间商如批发商、零售商和其他再售商，购买产品，拥有商品持有权，再售商品。

（2）辅助商是指为企业担任仓储、运输活动的物流公司，为企业提供各种营销服务的咨询公司、广告公司、财务代理、税务代理公司、银行、信贷机构、信托公司，以及为企业提供风险保障的保险公司等。这些机构虽然不直接经营商品，但它们协助企业确立市场定位，进行市场推广，对促进电子产品的批发和零售发挥着举足轻重的作用。

4. 最终顾客

企业与供应商和中间商保持密切关系的目的，都是为了有效地向顾客提供商品与服务。任何企业的产品或服务一旦得到了顾客的认可，它就取得了市场。所以，分析顾客的消费心理、了解顾客对企业产品的态度是企业经营的核心。电子产品经营企业应认真研究目标市场上顾客的需求特点及变化趋势，并对目标顾客进行细分，在细分市场的基础上制定企业经营方式和策略。

5. 竞争者

从消费需求的角度出发，企业的竞争者划分为愿望竞争者、类别竞争者、产品形式竞争者和品牌竞争者。电子产品经营企业在开展经营活动时，要善于分析各类竞争者并采取不同的经营策略。企业掌握竞争的最好办法是树立顾客第一的观点。一个企业必须时刻牢记四个基本方面，那就是必须考虑客户、销售渠道、竞争和企业自身的特点。成功的商品经营实际上就是有效地安排好企业与顾客、销售渠道及竞争对手间的关系位置。

6. 公众

公众是指对一个组织完成其目标的能力有着实际或潜在兴趣或影响的群体。公众可能有助于增强一个企业实现自己目标的能力，也可能妨碍这种能力。鉴于公众会对企业的命运产生巨大的影响，精明的企业就会采取具体的措施，去成功地处理与主要公众的关系，而不是不采取行动和等待。大多数企业都建立了公共关系部门，专门筹划与各类公众的建设性关系。公共关系部门负责收集与企业有关的公众的意见和态度，发布消息、沟通信息，以建立信誉。如果出现不利于公司的反面宣传，公共关系部门就会成为排解纠纷者。

想一想　竞争对手搞虚假宣传扩大了销量，我们需要效仿吗？

四、电子产品市场营销环境综合分析方法——SWOT 分析法

企业对市场环境深入分析的目的是为了发现市场机会和环境威胁，以便采取有效的应对措施抓住有利时机开展经营活动，避开威胁或把损失降低到最小程度。

企业内外情况是相互联系的，将外部环境所提供的有利条件（机会）和不利条件（威胁）与企业内部条件形成的优势与劣势结合起来分析，有利于制定出正确的经营战略。

SWOT 分析法就是进行企业外部环境和内部条件分析，从而寻找二者最佳可行战略组合的一种分析方法。SWOT 分析法是由"优势（Strengths）"、"劣势（Weaknesses）"、"机会（Opportunities）"、"威胁（Threats）"的第一个字母构成的。

1. SWOT 分析的步骤

（1）收集信息：收集宏观环境及微观环境信息。

（2）信息的整理和分析：信息经整理后，分析其属于优势、劣势，还是机会或威胁。

（3）确定企业具体业务所处的市场位置。

（4）拟定营销战略。

2. 企业的 SWOT 综合分析

进行 SWOT 分析，需要绘制 SWOT 分析矩阵图，这个矩阵是以外部环境中的发展机会和威胁为一方，以企业拥有的优势和存在的劣势为另一方而组成的二维矩阵，如图 5-1 所示。在这个矩阵中，存在四种战略组合策略，即优势—机会组合、劣势—机会组合、优势—威胁组合和劣势—威胁组合。

企业内部因素 企业外部因素	优势(S)	劣势(W)
机会（O）	SO 战略	WO 战略
威胁（T）	ST 战略	WT 战略

图 5-1　企业 SWOT 分析矩阵

（1）优势—机会组合（SO）战略。优势—机会组合代表企业自身优势多、市场机会大。这种组合应该是企业的最佳选择，应通过发挥自身优势，利用企业内部的长处去抓住外部机会，实现企业的快速发展。企业适宜采用扩张战略，即企业在该业务上重点扩张，筹集资金，积极准备扩大经营。

（2）劣势—机会组合（WO）战略。劣势—机会组合代表企业虽遇到的市场机会大，但自身劣势多，缺少竞争优势。企业虽然识别出外部环境中存在的机会，但企业自身存在的不足可能会限制企业对机会的把握。对于这样的情况，最现实的问题就是企业如何弥补自身资源或能力的不足，以抓住机会，否则机会只能让给竞争对手。企业适宜采用防卫战略，如招商引资、寻求外援协助，利用外部机会来改进企业内部弱点。

（3）优势—威胁组合（ST）战略：优势—威胁组合代表企业自身虽有竞争优势，但缺少市场机会。企业可以利用自身长处去避免或减轻外来的威胁，降低威胁可能产生的不利影响。但这种做法会使得企业的优势资源不能更好地利用。在严重的市场威胁环境下，企业适宜采取分散战略，利用多角化经营，分散经营风险。

（4）劣势—威胁组合（WT）战略：劣势—威胁组合代表企业自身缺少竞争优势，劣势明显，且市场威胁较大。在这种情况下，企业难以抵挡环境威胁对企业的不利影响。如果企业一旦处于这样的位置，在制定战略时就要设法降低环境不利对企业的冲击，使损失减到最小。企业适宜采用退出战略，即该业务既无机会也无优势可言，及时撤离，比如缩减经营规模、抽资转向等。

小故事

尿布大王的产生

日本尼西公司原是一个仅有 30 人的生产雨衣的小公司，因产品滞销，公司酝酿转产，有一次，公司董事长多川博偶尔看到一份人口普查资料，得知日本每年出生婴儿 250 万。他想，每个婴儿一天用两条尿布，全国每天就需要 500 万条，如果再销往国外，市场就更加广阔。于是他果断决策转产尿布。结果，几年工夫，该公司生产的尿布就占领了日本市场，并占世界销售总量的 30%。多川博由此成为世界著名的"尿布大王"。

任务三　电子产品消费者购买行为分析

任务导入

课堂讨论：我的电子产品购买经历

活动形式：小组座谈。主题：我的电子产品购买经历。

活动过程：

（1）教师向学生们说明本活动的目的、要求和注意事项。

（2）小组成员依次讲述自己的一次电子产品购买经历，内容包括：① 购买的是何种产品？② 购买的时间、地点，购买的主要原因或目的是什么？③ 是谁提出购买，与谁商量过，由谁做的购买决定，谁去买的，买给谁用的？④ 是以什么方式购买的？⑤ 对购买的产品是否满意，有哪些经验教训？组长负责记录座谈内容。

（3）由各小组发言人宣读本组座谈记录，以形成资料共享。

（4）小组研讨并回答问题。组长负责记录。

（5）教师对各组讨论情况进行总结评价；对气氛热烈、发言积极的小组和个人予以表扬和奖励，尤其要鼓励学生的创造性思维。

活动成果：小组座谈记录表（表 5-1）、小组座谈记录整理表（表 5-2）。

表 5-1 ＿＿＿＿小组座谈记录表

组　　长		座谈主题	我的购物经历
小组成员 1	发言记录		
小组成员 2	发言记录		
小组成员 3	发言记录		
......			

表 5-2 _____小组座谈记录整理表

项　　目	结　　果
购买的决策者主要是哪些人	
购买的目的主要有哪些	
购买的渠道主要有哪些	
购买时间段主要有哪些	
购买的产品有哪些	
购买的方式有哪些	

基本知识

一、影响消费者购买行为的因素

消费者市场的购买是最终市场的购买，因此，对电子产品消费者市场购买行为的研究，是对整个电子产品市场研究的核心。

购买行为是与购买商品有关的各种可见的活动。如收集商品信息、比较、购买和购买后的反应等。而这些活动必然受消费者心理活动的支配，并受消费者个人特性和社会文化因素的影响，因此，研究消费者的购买行为，除了要考察消费者在购买决策过程中的各种活动以外，还要分析支配和影响这些活动的各种因素，以便说明谁是购买者（Occupants），他们买什么（Objects），他们为何购买（Objectives），谁参与购买（Organizations），他们怎样购买（Operations），什么时间购买（Occasions）和在何处购买（Outlets），即所谓"市场 7OS"问题。

（1）个性因素。个性因素是一个人身上表现出的经常的、稳定的、实质的心理特征。个性的差别直接导致其购买行为的不同。个性因素主要包括个人的年龄、职业、收入、个性、生活方式等。

（2）社会因素。消费行为作为个人行为，首先受到个人因素的影响，但消费者作为整个社会生活消费的一个组成部分，又受到他所处的社会历史条件的制约和社会因素的影响，这主要包括社会文化、相关群体、社会阶层、家庭等，它们都将影响着消费者的购买行为。

（3）经济因素。经济因素是影响消费者购买行为的直接因素，主要包括消费者收入、消费品价格（包括消费品本身的价格、消费品的预期价格和相关消费品的价格）等。

（4）心理因素。消费者的购买行为受其心理的支配，影响消费者购买行为的心理因素包括激励、知觉、态度、学习等心理过程。

二、消费者购买行为的参与者

电子产品消费者在购买过程中，特别是在购买中、高档产品时可能扮演不同的角色，按其在购买过程中的不同作用，可分为以下几种。

（1）倡议者。提议购买某产品的人。

（2）影响者。对购买某产品有一定影响的人。

（3）决策者。决定是否买、何时买、何处买、买何品牌的人。

（4）购买者。实际购买具体产品的人。

（5）使用者。实际使用产品的人。

例如，某家庭在购买计算机的过程中，提议人通常是孩子，影响者通常是父母的亲戚、同事、朋友，决策者通常是父母，购买者通常是父母和孩子，使用者主要是孩子。

以上五种角色中，最重要的是决策者。因此，决策者通常是商品经营者主要的促销对象。

问一问

你在购买手机过程中，扮演的是什么角色？

三、消费者购买行为分析方法

消费者购买行为分析，通常采用 5W1H 分析方法。5W1H 分析法是对选定的项目、工序或操作，都要从原因（何因 Why）、对象（何事 What）、地点（何地 Where）、时间（何时 When）、人员（何人 Who）、方法（何法 How）6 个方面提出问题进行思考。

（1）What：消费者购买行为追求的能满足自己需求的产品或服务是什么。

（2）When：消费者购买行为一般发生在什么时候。

（3）Where：消费者获得该产品或服务一般通过什么渠道或消费者的购买行为一般发生在什么地点。

（4）Why：消费者购买的主要动机或目的是什么。

（5）Who：购买行为的发起者、影响着、决策者、执行者及产品的最终使用者是谁。

（6）How：消费者习惯或喜欢通过什么样的购物方式实现自己的购买行为。

四、消费者购买决策过程分析

消费者完整的购买行为过程是以购买为中心，包括购买前和购买后一系列活动在内的复杂行为过程。具体可分为确定需要、收集信息、评估选择、决定购买、购后行为五个阶段。

（1）确定需要。当消费者感觉到了一种需要而且准备购买某种商品去满足需要时，对这种商品的购买过程就开始了。来自内部和外部的刺激都可能引起需要和诱发购买动机。企业应了解消费者的需要是由什么引起的，又是怎样被引导到特定的商品上从而形成购买动机的，以便采取相应的市场营销策略，刺激消费者的某些需要并诱发购买动机。

（2）收集信息。消费者形成了购买某种商品的动机后，接下来往往要通过查阅资料、向亲友和熟人询问情况、关注广告宣传、留意报刊、电视等大众宣传媒介的客观报道和使用者对该产品的评论等渠道收集有关信息。企业可利用这些渠道向消费者有效地传递信息。

（3）评估选择。消费者根据所掌握的信息，对备选产品品牌、性价比、购买渠道等进行评价和比较，以便做出选择。企业可通过抽样调查，了解消费者如何评价产品，就可采取措施来影响其选择。

（4）决定购买。经过评估与选择，消费者仅仅形成了对某种品牌的偏好和购买意向，接下来还要做出以下一些具体的购买决策：购买哪种品牌，在哪家商店购买，购买数量，购买时间，在某种情况下还要决定支付方式。企业应了解消费者的心理活动及其变化规律，采取符合消费者心理的促销活动和方法，引起消费者的注意和兴趣，以促成其购买。

（5）购后行为。消费者购买商品后，会通过使用和他人的评判，对其购买选择进行检验。如果感到满意，则可能重复购买或向他人推荐；如果感到不满，则会产生退货想法或劝说身边的人不要购买该产品。因此，企业产品宣传应实事求是并适当留有余地；应经常征求顾客意见，为他们发泄不满提供适当的渠道，以便迅速采取补救措施。

例如，李想对现在使用的耳机不满意，打算买一新耳机。于是，他开始多方了解有关耳机的品牌、质量、价格及购买渠道等方面的情况，最后选择了一款自己满意的某品牌的耳机，并且了解到网上购买比在专卖店购买价格便宜很多。于是，李想决定在网上购买并顺利得到了该款耳机。经过使用，李想觉得该耳机物美价廉，买得很合算，就又介绍朋友去买。

> 是不是所有电子产品的购买行为都要经历上述五个阶段？ **说一说**

小故事

家庭情感购物

一天，某老年服装店里来了四五位顾客，从他们亲密无间的关系上可以推测出这是一家人，并可能是来专为老爷子买衣服的。老爷子手拉一位小男孩，怡然自得地走在前面。后面是一对中年夫妇。中年妇女转了一圈，很快就选中了一件较高档的上装，要老爷子试穿。可老爷子不愿意，理由是价格太高、款式太新。中年男子说："反正是我们出钱，你管价钱高不高呢。"老爷子并不领情，脸色也有点难看。营业员见状，连忙说："老爷子您真是好福气，儿孙如此孝顺，您就别难为他们了。"小男孩也摇着老人的手说："好的好的，就买这件好了。"老人嘴上说小孩子懂什么好坏，但脸上已露出了笑容。营业员见此情景，很快结清货款，将衣服包好交给中年妇女，一家人高高兴兴地走出了店门。

综合训练

一、案例研讨

（1）教师组织开展讨论活动，鼓励学生积极发言、创新思维。

（2）以小组为单位讨论问题。

（3）各组组长主持本组讨论并填写记录表（表5-3）。

（4）各组报告讨论结果。

（5）教师对讨论结果进行综合评价，对表现好的小组予以表扬。

案例5-5：漠视的后果

曾名震一时的美国王安电脑公司，在20世纪80年代中期个人微型机（PC）及价格低廉、运行速度快捷等优势，固守自己的发家产品——文字处理系统，并将其始终装在不能适应顾客需要的小型机上，而拒绝与当时在个人微型机领域有杰出业绩的苹果公司合作，错过了良好的发展机会，经营业绩猛跌，上市股票由1982年的每股42.50美元陡降到1990年的每股

37.50 美元，最后破产。

表 5-3 _____小组研讨记录表

问　　题	结　　果
王安电脑公司破产的主要原因是什么	

二、情景模拟

跳蚤市场

【情景设置】将教室布置成一个模拟市场。

【训练内容】每位同学准备若干件物品进行模拟销售。

【训练任务】根据不同销售对象的购买心理特点进行促销和议价，争取销售成果最大化。

三、社会实践

任务：观察不同类型消费者的购买行为特点。

过程：

（1）以小组为单位进入电器商场实地考察。

（2）观察不同类型消费者的购买行为特点。

成果：考察表（表 5-4）。

表 5-4 _____小组实地考察表

顾客类型	购买行为特点
男性顾客	
女性顾客	
青年顾客	
中年顾客	
老年顾客	

电子产品市场定位

（一）认知目标

（1）理解市场细分、市场定位的概念。

（2）熟悉电子产品市场细分、目标市场选择、市场定位的程序。

（3）掌握电子产品市场定位的方法。

（二）技能目标

（1）具备电子产品市场细分的能力。

（2）具备电子产品目标市场选择的能力。

（3）具备电子产品市场定位的能力。

（三）情感目标

（1）具备一定的沟通和协作能力。

（2）具备一定的分析和决策能力。

（3）具备一定的创新能力。

任务一　电子产品市场细分

任务导入

案例 6-1：被看好的手机细分市场

目前，中国的手机用户遍及大中小城市和广大农村，消费者对手机的要求也各不相同，于是形成了手机市场越来越细分的现象，手机细分市场被看好。

廉价手机：从设计阶段就打定主意走低价路线的廉价手机，设计特点就是功能实用而不花哨，生产成本低。很受讲求物美价廉的实惠型消费者的欢迎。

运动型手机：手机是一种较贵的电子产品，所以对于那些整天喜欢运动或者处于非常恶劣的外部环境下的用户来说，普通的手机恐怕会成为一种易耗品。所以，针对他们必须有专门的运动型手机。一般而言，这种手机的功能不一定是出众的、体积不一定是小巧的，但是一定要针对特殊环境进行优化。例如，"三防"概念就是运动型手机所必备的防尘、防水、防震，是运动型手机的基本条件。

儿童手机： 中国的儿童手机市场前景广阔。在国外，儿童手机越来越普及。中国人有"再苦不能苦孩子、再穷不能穷孩子"的传统，为了孩子的安全、健康，不惜花钱的家长比比皆是。儿童手机，没有数字键，只有几个可以输入特定号码的按键，同时限制呼入、呼出和限制短信接收、发送。根据儿童自身的特点，儿童手机还配有短信跟踪功能，只要家长申请将手机与孩子的手机捆绑，儿童手机会自动以短信形式通知父母孩子的所在地。

老年手机： 超大按键、超大屏幕字体、超大音量、SOS紧急呼叫键，专门针对老年人的手机逐渐在市场上火爆起来。国内著名手机品牌，都纷纷进军老年人市场。

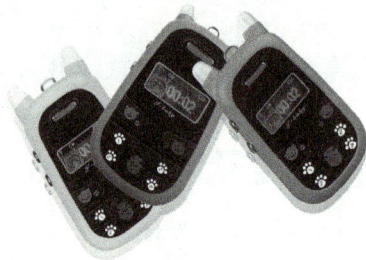

● 问题讨论

1. 老年手机市场为什么被看好？
2. 你认为盲人手机市场前景如何？为什么？

● 基本知识

一、市场细分的概念与作用

市场细分是指营销者通过市场调研，依据消费者的需要和欲望、购买行为和购买习惯等方面的差异，把某一产品的市场整体划分为若干消费者群的市场分类过程。每一个消费者群就是一个细分市场，每一个细分市场都是具有类似需求倾向的消费者构成的群体。

电子产品市场细分不是根据产品品种、产品系列来进行的，而是从消费者的角度进行划分的，是根据市场细分的理论基础，即消费者的需求、动机、购买行为的多元性和差异性来划分的。市场细分对电子产品营销起着极其重要的作用。

1. 有利于选择目标市场和制定市场营销策略

市场细分后的子市场比较具体，比较容易了解消费者的需求，企业可以针对较小的市场制定特殊的营销策略。

2. 有利于发掘市场机会，开拓新市场

通过市场细分，企业可以对每一个细分市场的购买潜力、满足程度、竞争情况等进行分析对比，探索出有利于本企业的市场机会。如海尔根据消费者夏天洗衣次数多、单次量少的特点，推出了省水省电型的"小神童"系列洗衣机。

3. 有利于集中人力、物力投入目标市场

通过细分市场，选择了适合自己的目标市场，企业可以集中人、财、物及资源，去争取局部市场上的优势，然后再占领自己的目标市场。

4. 有利于企业提高经济效益

企业通过市场细分，可以面对自己的目标市场，生产和经营适销对路的产品。产品适销对路可以加速商品流转，降低企业的生产经营成本，提高企业的经济效益。

> **想一想** 是否所有的电子产品都要进行市场细分？

二、电子产品消费者市场细分的标准

电子产品消费者市场的细分标准可以概括为地理因素、人口统计因素、心理因素和行为因素四个方面，每个方面又包括一系列的细分变量。

1. 按地理因素细分

（1）地理位置。如划分为东北、华北、西北、西南、华东和华南地区；也可以划分为内地、沿海、城市、农村等。在不同地区，消费者的需求存在较大差异。

（2）城镇大小。可划分为大城市、中等城市、小城市和乡镇。

（3）地形和气候。如按地形可划分为平原、丘陵、山区、沙漠地带等；按气候可分为热带、亚热带、温带、寒带等。

> **问一问**
>
> 滚筒洗衣机在农村和城市，哪个地区更受欢迎？

2. 按人口统计因素细分

（1）年龄。如儿童市场、青年市场、中年市场、老年市场等。

（2）性别。如男性市场和女性市场。不少商品在用途上有明显的性别特征，如妇女是方便、节能家电产品的主要购买者。

（3）收入。收入高的消费者一般喜欢到大百货公司或品牌专卖店购物，收入低的消费者则通常在住地附近的商店、仓储超市购物。

（4）职业。不同职业的消费者，其消费需求存在很大的差异。

（5）教育状况。受教育程度不同的消费者，在兴趣、生活方式、文化素养、价值观念等方面都会有所不同，因而会影响他们的购买种类、购买行为、购买习惯。

（6）家庭人口。可分为单身家庭（1人）、单亲家庭（2人）、小家庭（2~3人）、大家庭（4~6人，或6人以上）。家庭人口数量不同，家用电器的配置等都会出现需求差异。

3. 按心理因素细分

（1）生活方式。指人们对工作、消费、娱乐的特定习惯和模式。不同的生活方式会产生不同的需求偏好，如"传统型"、"新潮型"、"节俭型"、"奢侈型"等。

081

（2）**性格**。性格外向、容易感情冲动的消费者好表现自己，因而他们喜欢购买能表现自己个性的产品；性格内向的消费者则喜欢大众化，购买比较朴实的产品；富于创造性和冒险心理的消费者，则对新奇、刺激性强的商品特别感兴趣。

（3）**购买动机**。求实、求廉、求新、求美、求名、求安等，这些都可作为细分的变量。

> 苹果手机消费者的心理因素是怎样的？　　　　　　　　　　说一说

4. 按行为因素细分

（1）**购买时间**。许多产品的消费具有时间性，如空调在夏季生意最兴隆。

（2）**购买数量**。可分为大量用户、中量用户和少量用户，如电脑的大量使用者是知识分子和学生。

（3）**购买频率**。可分为经常购买、一般购买、不常购买（潜在购买者），如电子产品，青年人经常购买，中年人按正常方式购买，而老年人则不常买。

（4）**购买习惯**（对品牌忠诚度）。可划分为坚定的品牌忠诚者、转移的忠诚者、无品牌忠诚者等。例如，有的消费者忠诚于海尔电器产品。

三、电子产品市场细分的程序与方法

1. 市场细分的程序

（1）**正确选择市场范围**。企业根据自身的经营条件和经营能力确定进入市场的范围，如进入什么行业，生产什么产品，提供什么服务。

（2）**列出市场范围内所有潜在顾客的需求情况**。根据细分标准，比较全面地列出潜在顾客的基本需求，作为以后深入研究的基本资料和依据。

（3）**分析潜在顾客的不同需求，初步划分市场**。企业将所列出的各种需求通过抽样调查进一步收集有关市场信息与顾客背景资料，然后初步划分出一些差异最大的细分市场，至少从中选出三个细分市场。

（4）**筛选**。根据有效市场细分的条件，对所有细分市场进行分析研究，剔除不合要求、无用的细分市场。

（5）**为细分市场定名**。为便于操作，可结合各细分市场上顾客的特点，用形象化、直观化的方法为细分市场定名，如某旅游市场分为商人型、舒适型、好奇型、冒险型、享受型、经常外出型等。

（6）**复核**。进一步对细分后选择的市场进行调查研究，充分认识各细分市场的特点，本企业所开发的细分市场的规模、潜在需求，还需要对哪些特点进一步分析研究等。

（7）**决定细分市场规模，选定目标市场**。企业在各子市场中选择与本企业经营优势和特色相一致的子市场，作为目标市场。没有这一步，就没有达到细分市场的目的。

2. 市场细分的方法

（1）**单一变量法**。单一变量法是指根据市场营销调研结果，把选择影响消费者或用户需求最主要的因素作为细分变量，从而达到市场细分的目的。如电动玩具市场需求量的主要影响因素是年龄，可以针对不同年龄段的儿童设计适合不同需要的玩具。

（2）**主导因素排列法**。即用一个因素对市场进行细分，如按年龄细分学习机市场等。这种方法简便易行，但难以反映复杂多变的顾客需求。

（3）**综合因素细分法**。即用影响消费者需求的两种或两种以上的因素进行综合细分，例如用生活方式、收入水平、年龄三个因素可将手机市场划分为不同的细分市场。

（4）**系列因素细分法**。即对细分市场所涉及的多项因素由粗到细、由浅入深，逐步进行细分。如全国市场可细分为城市场、农村市场；农村市场又可细分为南方地区、北方地区农村；地区农村又可细分为农村少数民族地区等。

任务二　电子产品目标市场选择

任务导入

案例 6-2：抓住空白点

日本电视机生产企业从 1961 年开始，向美国出口电视机。当时美国不只是世界头号电视机生产强国，而且美国消费者还普遍存有东洋货是劣质货的观念。但日本企业经过认真的市场分析发现，在美国市场上，12 英寸以下的小型电视机是一个市场空白点。当时，美国电视机生产企业都嫌小型机利润少而不愿经营，并且错误地认为小型机消费时代已经结束。但事实上仍有不少消费者需要它，日本企业借机将小型机打入美国市场。正由于日本企业从美国产品市场空白点入手"钻"入美国，因此，未受到强大的美国企业的反击。待之羽翼丰满，占领大型电视机市场时，美国电视机厂家再反击已为时过晚。

问题讨论

1. 日本电视机打入美国市场，选用了什么机型？为什么？
2. 日本电视机成功打入美国电视机市场，采用了什么战略？

基本知识

一、目标市场选择的程序

1. 评估细分市场

企业评估细分市场的核心是确定细分市场的实际容量，评估时应考虑三个方面的因素：细分市场的规模，细分市场的内部结构吸引力和企业的资源条件。

细分市场内部结构吸引力取决于该细分市场潜在的竞争力，竞争者越多，竞争越激烈，该细分市场的吸引力就越小。

如果企业的技术、财力、人力资源有限，不能保证该细分市场的成功，则企业也应果断舍弃。

2. 选择进入细分市场的方式

（1）集中进入方式。企业集中所有的力量在一个目标市场上进行品牌经营，满足该市场的需求，在该品牌获得成功后再进行品牌延伸。

（2）有选择地进入。这种进入方式有利于分散风险，企业即使在某一市场失利也不会全盘皆输。

（3）专门化进入。厂商集中资源生产一种产品提供给各类顾客或者专门为满足某个顾客群的各种需要服务的营销方式。

（4）无差异进入。经营者对各细分市场之间的差异忽略不计，只注重各细分市场之间的共同特征，推出一个品牌，采用一种营销组合来满足整个市场上大多数消费者的需求。

（5）差异进入。企业有多个细分子市场为目标市场，分别设计不同的产品，提供不同的营销组合以满足各子市场不同的需求。

084

想一想 海尔冰箱为什么要设计"大王子"、"小王子"等多种型号的产品？

二、目标市场选择策略

企业在决定目标市场的选择时，可根据具体条件考虑三种不同策略。

1. 无差异市场策略

无差异市场策略，是把整个市场作为一个目标市场，着眼于消费需求的共同性，推出单一产品和单一营销手段加以满足，如图 6-1 所示。例如，电压力锅生产经营企业通常采取这一策略。

```
┌──────────┐              ┌──────────┐
│ 市场营销  │─────────────▶│  整个市场 │
│ 策略组合  │              │          │
└──────────┘              └──────────┘
```

图 6-1　无差异市场策略

无差异营销策略的优点是可以降低生产成本、销售费用、市场细分所需的调研费用。缺点是不能满足不同消费者的需求和爱好，当企业采取无差异营销策略时，竞争对手会从这一整体市场的细微差别入手，参与竞争，争夺市场份额。

2. 差异性市场策略

差异性市场策略是充分肯定消费者需求的异质性，在市场细分的基础上选择若干个细分子市场为目标市场，分别设计不同的营销策略组合方案，满足不同细分子市场的需求，如图 6-2 所示。例如，电风扇市场细分后的台式风扇、落地扇、空调扇等差异性市场选择。

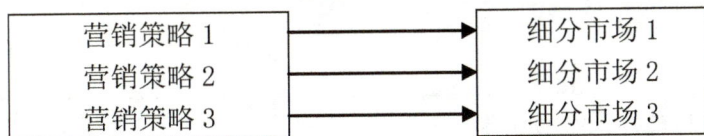

图 6-2　差异性市场策略

差异性市场策略的优点是能较好地满足不同消费者的需求，可以通过多种营销策略来增强企业的竞争力。缺点是渠道开拓、促销费用、生产研制等成本高。同时，经营管理难度较大，要求企业有较强的实力和素质较高的经营管理人员。

3. 密集性市场策略

密集性市场策略是企业集中设计生产一种或一类产品，采用一种营销组合，为一个细分市场服务，如图 6-3 所示。

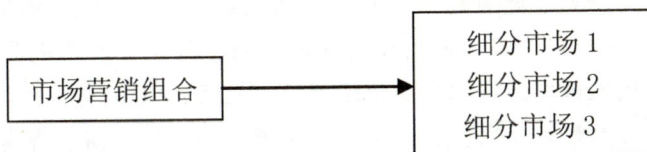

图 6-3　密集性市场策略

密集性市场策略优点是便于企业深入挖掘消费者的需求，有针对性地采取营销组合，节约成本和费用；有利于充分发挥企业自身优势；在细分市场上占据一定优势后，可以集中力量，与竞争者抗衡；能有效地树立品牌形象。密集性策略的缺点是：由于市场较小，企业发展受到一定限制。如果有强大对手进入，风险很大，很可能陷入困境，缺少回旋余地。

小故事

情侣苹果

元旦，某高校俱乐部前，一位老妇守着两筐大苹果叫卖，因为天寒，问者寥寥。一位教授见此情形，上前与老妇商量几句，然后走到附近商店买来节日织花用的红彩带，并与老妇一起将苹果两个一扎，接着高叫道："情侣苹果呦！两元一对！"经过的情侣们甚觉新鲜，用红彩带扎在一起的一对苹果看起来很有情趣，因而买者甚众。不一会儿，全卖光了，赚得颇丰，老妇感激不尽。

这是一个成功进行目标市场定位营销的案例。即首先分清众多细分市场之间的差别，并从中选择一个或几个细分市场，针对这几个细分市场开发产品并制定营销组合。那位教授对俱乐部前来往的人群进行的市场细分可谓别出心裁，占比例很大的成双成对的情侣给了他突发灵感，使其觉察到情侣们将是最大的苹果需求市场，而对其产品的定位更是奇巧，用红彩带两个一扎，唤为"情侣"苹果，对情侣非常具有吸引力，即使在苹果不好销的大冷天里也高价畅销了。

还有哪些目标市场选择策略的例子？ 说一说

任务三　电子产品市场定位

任务导入

案例6-3：海尔的市场定位策略

海尔集团的前身是一家生产普通家电产品亏损额达 147 万元，濒临倒闭的集体小厂。1985 年，海尔股份有限公司成立，经过十几年的发展，海尔集团已成为中国家电行业特大型企业，在海尔的发展过程中，海尔成功地运用了市场定位策略。

海尔集团根据市场细分的原则，在选定的目标市场内，确定消费者需求，有针对性地研制开发多品种、多规格的家电产品，以满足不同层次消费者需要。如海尔洗衣机是我国洗衣机行业跨度最大、规格最全、品种最多的产品。在洗衣机市场上，海尔集团根据不同地区的环境特点，考虑不同的消费需求，提供不同的产品，如针对江南地区"梅雨"天气较多，洗衣不容易干的情况，海尔集团及时开发了洗涤、脱水、烘干于一体的海尔"玛格丽特"三合一全自动洗衣机，以其独特的烘干功能，迎合了饱受"梅雨"之苦的消费者。此产品在上海、宁波、成都等市场引起轰动。针对北方的水质较硬的情况，海尔集团开发了专利产品"爆炸"洗净的气泡式洗衣机，即利用气泡爆炸破碎软化作用，提高洗净度20%以上，受到消费者的欢迎。针对农村市场，研制开发了下列产品：①"大地瓜"洗衣机，适应盛产红薯的西南地区农民在洗衣机里洗红薯的需要；②小康系列滚筒洗衣机，针对较富裕的农村地区；③"小神螺"洗衣机，价格低、外观精美，非常适合广大农村市场。

海尔集团以高质量和高科技进行市场定位，占领市场。海尔集团市场竞争的原则不是首先在量上争第一，而是在质上争第一，依靠高科技推出新产品，它所涉足的除冰箱外的其他产品均起步较晚，这些产品的市场竞争激烈。但海尔集团经过认真的市场调查，清醒地估计自己的实力后，认为应该进入这些产品市场中参与竞争。它采用针锋相对式市场定位策略，1992 年推出空调产品，1995 年推出洗衣机产品。由于技术领先、质量可靠，深受消费者欢迎。目前，海尔集团已跻身于世界 500 强的行列。

问题讨论

1. 海尔洗衣机选择的目标市场有哪些？
2. 海尔洗衣机针对目标市场的产品定位是怎样的？

3. 海尔集团的市场定位策略为什么能够取得成功？

基本知识

一、市场定位的概念

市场定位是指为了使自己生产或销售的产品获得稳定的销路，从各方面为产品打造一定的特色，树立一定的市场形象，以求在顾客心目中形成一种特殊的偏爱。

电子产品生产经营企业在对自己的产品进行市场定位时，一方面要了解竞争对手的产品具有何种特色，另一方面要研究消费者对该产品的各种属性的重视程度，然后结合这两方面进行分析，再确定本企业产品的特色和独特形象。

问一问

产品市场定位是必需的吗？

二、市场定位的原则与方法

1. 市场定位的原则

各企业产品所面对的顾客和所处的竞争环境不同，市场定位所依据的原则也不同。总体来讲，市场定位所依据的原则有以下四点。

（1）根据产品具体的内在特点定位。构成产品内在特色的许多因素都可以作为市场定位所依据的原则，如所含成分、材料、质量、价格等。如不锈钢豆浆机，强调它是不锈钢材料，与其他豆浆机的材料不同。

（2）根据特定的使用场合及用途定位。如北京亚都公司产品的市场定位在室内空气加湿和室内空气质量改善上。

（3）根据顾客得到的利益定位。产品提供给顾客的利益是顾客最能切实体验到的，也可以用作定位的依据。如家庭按摩保健椅。

（4）根据使用者类型定位。企业常常试图将其产品指向某一类特定的使用者，以便根据这些顾客的看法塑造恰当的形象。如老年保健理疗仪。

事实上，许多企业进行市场定位所依据的原则不止一个，而是多个原则同时使用。因为要体现企业及其产品的形象，市场定位必须是多维度的、多侧面的。

2. 市场定位的方法

（1）特色定位法。特色定位法是指根据特定的产品属性来定位，以在竞争市场上确立一个恰当的位置。例如，格力空调强调其科技领先；海尔空调强调其健康环保；美的空调强调其低碳节能。

（2）用途定位法。用途定位法是指强调产品独特的使用价值，如亚都空气净化器能够净化室内空气、消除装修污染。

（3）使用者定位法。使用者定位法是指根据使用者的类型来定位。企业常常试图把某些产品指引给适当的使用者即某个细分市场，以便根据该细分市场的看法塑造恰当的形象。如康佳集团针对农村市场的"福临门系列彩电"，充分考虑农民消费者的需求特殊性，定位为质量过硬、功能够用、价位偏低，同时增加了宽频带稳压器等配件产品。

（4）竞争定位法。竞争定位法是指根据竞争者来定位。可以接近竞争者定位，也可远离竞争者定位。如康柏公司要求消费者将其个人计算机与 IBM 个人计算机摆在一起比较，企图将其产品定位为使用简单而功能更多的个人计算机。

（5）档次定位法。档次定位法是指不同的产品在消费者心目中按价值高低有不同的档次。对产品质量和价格比较关心的消费者来说，选择在质量和价格上的定位也是突出本企业形象的好方法。企业可以采用"优质高价"定位和"优质低价"定位。如在各种家电产品价格大战如火如荼的同时，海尔始终坚持不降价，保持较高的价位，这是"优质高价"的典型表现。

（6）附加定位法。通过加强服务树立和加强品牌形象，称为附加定位。对于生产性企业而言，附加定位需要借助于生产实体形成诉求点，从而提升产品的价值；对于非生产性企业来说，附加定位可以直接形成诉求点。例如，"海尔真诚到永远"是海尔公司一句响彻全球的口号。

三、市场定位的步骤

1. 分析目标市场的现状，确认潜在的竞争优势

该步骤的中心任务是要回答三个问题：一是竞争对手对产品定位如何？二是目标市场上顾客欲望满足程度如何及确实还需要什么？三是针对竞争者的市场定位和潜在顾客的真正需要的利益要求企业应该能够做什么？企业市场营销人员必须通过一切调研手段，系统地设计、搜索、分析并报告有关上述问题的资料和研究结果。

通过回答上述三个问题，企业就可以从中把握和确定自己的潜在竞争优势在哪里。

2. 准确选择竞争优势，对目标市场初步定位

竞争优势表明企业能够胜过竞争对手的能力。这种能力既可以是现有的，也可以是潜在的。选择竞争优势实际上就是一个企业与竞争者各方面实力相比较的过程。比较的指标应是一个完整的体系，只有这样，才能准确地选择相对竞争优势。通常的方法是分析、比较企业与竞争者在经营管理、技术开发、采购、生产、市场营销、财务和产品七个方面究竟哪些是强项，哪些是弱项。借此选出最适合本企业的优势项目，以初步确定企业在目标市场上所处的位置。

3. 显示独特的竞争优势和重新定位

这一步骤的主要任务是企业要通过一系列的宣传促销活动，将其独特的竞争优势准确传播给潜在顾客，并在顾客心目中留下深刻印象。但在下列情况下，还应考虑重新定位。

（1）竞争者推出的新产品定位于本企业产品附近，侵占了本企业产品的部分市场，使本企业产品的市场占有率下降。

（2）消费者的需求或偏好发生了变化，使本企业产品销售量骤减。

四、产品定位的策略

1. 避强定位策略

避强定位策略是指企业力图避免与实力最强的或较强的其他企业直接发生竞争，而将自己的产品定位于另一市场区域内，使自己的产品在某些特征或属性方面与最强或较强的对手有比较显著的区别。其优点是避强定位策略能使企业较快地在市场上站稳脚跟，并能在消费者或用户中树立形象，风险小；缺点是避强定位往往意味着企业必须放弃某个最佳的市场位置，很可能使企业处于最差的市场位置。

2. 迎头定位策略

迎头定位策略是指企业根据自身的实力，为占据较佳的市场位置，不惜与市场上占支配地位的、实力最强或较强的竞争对手发生正面竞争，而使自己的产品进入与对手相同的市场位置。其优点是竞争过程中相当惹人注目，甚至产生所谓轰动效应，企业及其产品可以较快地为消费者或用户所了解，易于达到树立市场形象的目的；缺点是具有较大的风险性。

3. 创新定位策略

创新定位策略是指寻找新的尚未被占领但有潜在市场需求的位置，填补市场上的空缺。如日本的索尼公司的索尼随身听等一批新产品正是填补了市场上迷你电子产品的空缺，并进行不断地创新，使得索尼公司即使在二战时期也能迅速的发展，一跃而成为世界级的跨国公司。采用这种定位方式时，企业应明确创新定位所需的产品在技术上、经济上是否可行，有无足够的市场容量，能否为企业带来合理而持续的赢利。

4. 重新定位策略

重新定位是指企业为已在某市场销售的产品重新确定某种形象，以改变消费者原有的认识，争取有利的市场地位的活动。如亚都产品定位最早是室内空气加湿器，随着人们对室内空气污染问题的日益重视，又将其产品定位在室内空气质量改善上，以吸引更多、更广泛的购买者。

小故事

"50+"老人超市

奥地利首都维也纳有专门为 50 岁以上老人服务的购物场所，其标志为"50＋"超市。"50＋"超市创意很简单，但又很独到。超市货架之间的距离比普通超市大得多，老人可以慢慢地在货架间选货而不会显得拥挤或憋气；货架间设有靠背座椅；购物推车装有刹车装置，后半截还设置了一个座椅，老人如果累了还可以随时坐在上面歇息；货物名称和价格标签比别的超市也要大，而且更加醒目；货架上还放着放大镜，以方便老人看清物品上的产地、标准和有效日期等。如果老人忘了带老花镜，可以到入口处的服务台临时借一副老花镜戴上。最重要的是，超市只雇用 50 岁以上的员工。对此，这家"50＋"超市经理布丽吉特·伊布尔说："这受到顾客的欢迎，增加了他们的信任感。"从中获益的不仅仅是顾客，雇用的 12

名员工又可以重新获得了工作，他们十分珍惜这份工作，积极性特别高。

"50＋"超市由于替老人想得特别周到，深受老人欢迎。同时被其他年龄层（如带孩子的年轻母亲）所接受。"50＋"超市商品的价格与其他没有特殊老年人服务的所有超市一样，营业额却比同等规模的普通超市多了20%。

综合训练

一、案例研讨

（1）教师组织开展讨论活动，鼓励学生积极发言、创新思维。

（2）以小组为单位讨论问题。

（3）各组组长主持本组讨论并填写记录表（表6-1）。

表6-1 _____小组研讨记录表

问　　题	结　　果
1. 三菱公司是以什么标准细分市场的？	
2. 三菱公司的目标市场是什么？采用了哪些目标市场策略？	
3. 三菱公司是怎样进行市场定位的？	

（4）各组报告讨论结果。

（5）教师对讨论结果进行综合评价，对表现好的小组予以表扬。

案例6-4：三菱小菲手机

日本三菱公司是一家大公司，在全世界享有盛誉，但"三菱"品牌的手机在市场上反应平平，根本无法与苹果、三星等手机品牌抗衡。随着无线通信的飞速发展，使用手机的人越来越多，手机用户向两头延伸，一头向老年人发展，另一头向儿童方向发展。三菱公司敏锐地发现，一些青年女性为显示个性，希望拥有青年女性专用的手机。三菱公司顺藤摸瓜，深入调查，从一般手机市场细分出女青年手机市场，并决定占领这一目标市场，专门为女性设计了一款"三菱小菲"手机。彩色外壳改变了过去黑、白、灰的男性特征，修长的机型、圆润的弯角处处体现了女性的娇柔之美。"三菱小菲"刚投入市场立刻赢得年轻女性的喜爱，取得了极大的销售量，提高了三菱手机的市场占有率。接着三菱公司又对该机型进行改进，向市场推出了"三菱小菲＋"，适应了女学生、女青年爱发短信的要求，更使产品进一步扩大了销售。以后其他公司也相继推出女性手机，于是女性手机市场正式确立。

二、情景模拟

ABC 公司电冰箱市场定位

【情景设置】各小组分别充当电冰箱生产商 ABC 公司，根据现有市场背景资料，确定本公司电冰箱定位方案。

【训练内容】

（1）分析背景资料。

（2）从以下两个备选方案中，选定一个作为 ABC 公司电冰箱定位方案。

方案一：将 ABC 公司电冰箱定位于竞争者 A 附近，与 A 公司争夺顾客；

方案二：将 ABC 公司电冰箱定位于图 6-4 左上角的阴影处，即决定生产出售高质量低价格的 200 升电冰箱，这种产品目前是市场空白。

【背景材料】：

ABC 电冰箱生产商根据其产品规格（分别为 200L、500L、1000L 三种）和主要顾客群体（假设为消费者、托儿所、餐馆）进行了市场细分（如图 6-4 所示）之后，决定进入"消费者用 200L 电冰箱市场"，即选择该市场为其目标市场。图 6-5 所示产品定位图中 A、B、C、D 四个圆圈代表目标市场上的四个竞争者，圆圈面积大小表示四个竞争者的销售额大小。竞争者 A 生产销售高质量高价格的 200L 电冰箱，竞争者 B 生产销售中等质量中等价格的 200L 电冰箱，竞争者 C 生产销售低质量低价格的 200L 电冰箱，竞争者 D 生产销售低质量高价格的 200L 电冰箱。

图 6-4　产品／市场矩阵图

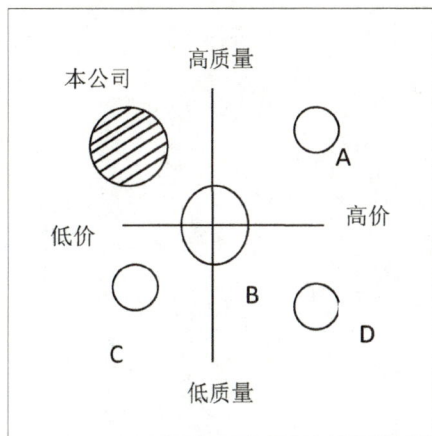

图 6-5　产品定位图

091

【**训练任务**】各小组分别说明其定位选择的理由。

三、社会实践

任务：分析不同类型的洗衣机市场定位上的差异。

过程：

（1）以小组为单位进入电器商场考查。

（2）选择一种品牌的洗衣机专柜，了解并记录该品牌洗衣机每种型号产品的主要功能、价格。

（3）依据市场细分和市场定位理论，分析厂家各种型号洗衣机的市场定位是怎样的。

成果：考察表（表 6-2）。

表 6-2 _____小组实地考察表

商 品 名 称	产 品 类 型	主 要 功 能	商 品 价 格	市 场 定 位

电子产品营销策划

教学目标

（一）认知目标

（1）理解整体产品、分销渠道的概念。

（2）熟悉产品生命周期理论。

（3）掌握电子产品市场营销基本策略。

（二）技能目标

（1）具备电子产品策划的能力。

（2）具备电子产品价格策划的能力

（3）具备电子产品渠道策划的能力。

（三）情感目标

（1）具备一定的沟通和协作能力。

（2）具备一定的信息处理、数字应用、分析和解决问题的能力。

（3）具备一定的创新能力。

任务一　电子产品的产品策划

任务导入

案例 7-1：海尔空调：产品加服务打造"奥运标准"

2007 年 10 月 18 日，距离北京奥运会召开还有 295 天时间，作为空调业唯一赞助商的海尔启动其 2008 新战略，在主流经销商中开展海尔奥运空调锦标赛，通过打造"奥运标准"的产品和服务，实现 2008 年消费者、经销商及企业的三赢。

据了解，海尔奥运空调锦标赛在华北、华东、华南、东北、中南、西南六大区域主流渠道开展，目的是为了与经销商一起为广大消费者提供达到"奥运标准"的海尔的产品和服务，让国人切身体会到奥运级待遇和享受。

"今年制冷年刚开局，我们就锁定了高差异化的 08 奥运风空调，这款产品刚上市就吸引了非常多的消费者，信心加主推，我们肯定胜出。"一位武汉当地的经销商非常有信心。

据悉，这款被众多经销商联合主推的奥运产品，凝聚中、日、韩三国顶级设计师的智慧。

"自动清扫过滤网"是这款空调最大的亮点。这项创新技术将科技、环保融入人性化，可自动把握清扫时机，确保过滤网时刻清洁，整机风路时时畅通。对于不会清扫或觉得人工清扫太麻烦的消费者来说，这款奥运空调独特的优势带来极大的惊喜，前不久，首批限量版海尔 08 奥运风空调上市，随机赠送极富珍藏价值的奥运邮折，更是让产品蕴含的奥运价值理念再度升级，甚至出现了预付全款订购的场面。

空调温度
不要低于26℃

除了提供高品质产品外，海尔还为消费者提供"奥运标准"的服务方案。海尔空调以优势技术、优势人员的统一调度为基础，进一步提高服务效率，以绿色、环保、省时的模式服务大众，使用户真正享受到奥运级服务标准。

问题讨论

1. 海尔 08 奥运风空调有什么特点？
2. 除了提供高品质产品外，海尔为什么还为消费者提供"奥运标准"的服务方案？

基本知识

一、产品的整体概念

从市场经营的观点来看，产品不仅是指能够提供某种用途的物质实体及其品质，如冰箱、洗衣机及其质量、款式、特色、品牌和包装等，还包括能给顾客带来附加利益或心理上的满足和信任感的无形服务，如售后服务、质量保证、产品形象、销售者声誉等，这就是"产品整体概念"。即一切能满足消费者某种利益和欲望的物质产品和非物质形态的服务均为产品。具体来讲，产品整体概念包含有 5 个层次的内容。

1. 核心产品

核心产品是指产品向顾客提供的基本利益和效用。这是产品最基本的层次，也是满足顾客需要的核心内容，如电冰箱的核心产品是冷藏食物。

2. 形式产品

形式产品是指核心产品所呈现的实体形态或外在表现形式，如产品的款式、色彩、质量、品牌、包装等。

3. 期望产品

期望产品是指消费者所期望的产品的个性化价值，如全自动洗衣机的期望产品是更方便、更节水、更省电。

4. 附加产品

附加产品是指顾客购买产品时所获得的附加利益与服务，如大型家电的送货、安装、质量保证、售后保修服务等。

5. 潜在产品

潜在产品是指与现有产品相关的、未来可发展的潜在性产品，即能满足消费者的潜在需求，尚未被消费者意识到，或已经被意识到但尚未被消费者重视或消费者不敢奢望的一些产品。如电视机可发展为电脑终端。

> 想一想 顾客到底要买什么？品牌、功能、价格、款式、包装、服务……

二、产品策略

产品策略是指企业为了在激烈的生产竞争中获得优势，在生产和销售产品时所运用的一系列措施和手段。它包括产品组合策略、产品生命周期策略、新产品开发策略、产品包装策略等。

1. 产品组合策略

产品组合是指企业生产或经营的全部产品线、产品项目的组合搭配方式。如空调产品线上可有单冷空调、冷暖空调、柜式空调、壁挂式空调等不同用途和不同形式的产品，以及有1.5 匹、2 匹、3 匹等不同规格的产品。

产品组合策略就是企业根据消费需求、竞争形势和企业自身能力对产品组合的广度、长度、深度和关联度等方面制订的营销策略。具体可以采用下列几种。

（1）全线全面型策略。面向尽可能多的顾客，并向他们提供各种各样的产品。例如，格兰仕继微波炉成功后为了扩大其经营范围，又投资 20 亿元进军空调器、冰箱制冷业。

（2）市场专业型策略。把企业的营销力量集中于某一特定市场，并向该市场提供尽可能多的产品。

（3）产品专业型策略。企业只从事某一条产品线的营销，但尽可能增加线内的产品项目，以增加产品组合的深度，面向更多的市场。例如，海尔洗衣机在 2001 年一次性推出 18 款最新型的洗衣机产品，在原有的产品项目基础上增加了新的产品项目。

（4）有限产品专业型策略。企业只生产或销售某一条产品线中的有限几个或一个产品项目的策略。

2. 产品生命周期策略

产品生命周期就是指从新产品投放市场开始，在市场上由弱到强又由盛到衰直至被市场淘汰为止所经历的全部时间。一般分为四个阶段，即引入期、成长期、成熟期和衰退期。

产品生命周期内销售量、成本和利润的变化规律如图 7-1 所示。

电子产品在其生命周期的不同阶段，销售量、利润、成本、消费者特征和竞争状况等方面所表现出的市场特点是有所不同的，所采取的营销策略也有所不同。

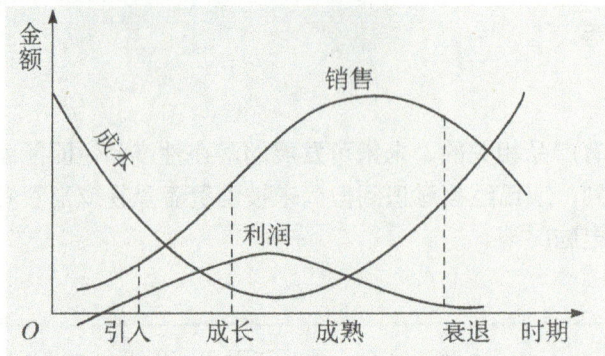

图 7-1　产品生命周期内销售量、成本和利润的变化规律

（1）引入期营销策略。引入期产品初上市，知名度低，销量少，企业宣传费用高，利润低，甚至亏损，竞争者很少，甚至没有。可采取的营销策略有以下几种。

① 快速掠取策略：高价格、高促销费用推出新产品。

② 缓慢掠取策略：高价格、低促销费用推出新产品。

③ 快速渗透策略：低价格、高促销费用推出新产品。

④ 缓慢渗透策略：低价格、低促销费用推出新产品。

（2）成长期营销策略。成长期产品逐渐被消费者了解和接受，销量迅速上升，竞争者的类似产品陆续出现。可采取的营销策略有以下几种。

① 改进产品策略：改进产品品种，提高竞争能力。

② 开拓新市场策略：寻找新的细分市场。

③ 塑造品牌策略：建立产品新形象，树立产品品牌。

④ 适时降价策略：在适当时机，降低产品价格。

（3）成熟期营销策略。成熟期是产品大量投产和大量销售的相对稳定期，销售和利润的增长达到顶峰后销量逐渐下降，由于竞争激烈，营销费用增加，价格开始下降。可采取的营销策略有以下几种。

① 调整市场策略：挖掘产品的新用途，寻求产品的新用户和改变推销方式以扩大销量。

② 调整产品策略：通过产品自身的调整来满足顾客的不同需要，以吸引各种顾客。

③ 调整市场营销组合策略：通过对产品、定价、渠道、促销四个市场营销组合因素的综合调整，来刺激销量的上升。

（4）衰退期营销策略。由于竞争激烈，需求饱和或新产品出现，使销量明显下降，利润日益减少，竞争者纷纷退出，老产品被新产品所取代。可采取的营销策略有以下几种。

① 集中策略：把企业的能力和资源集中在最有利的细分市场和分销渠道上。

② 收缩策略：淘汰不赢利的品牌，缩小企业的生产经营范围。

③ 放弃策略：放弃不再赢利的老产品，及时推出新产品。

案例 7-2：家电企业无奈竞技海外市场

虽然 2013 年夏日空调销售旺季过半，格力、美的、海尔为代表的家电企业仍纷纷扩大产量。原材料价格上涨压低毛利，利润空间日趋减小的境地之下，家电企业出口增速远超内销。业内人士指出："下半年家电企业将竞技海外市场。"

长虹电器海外战略发展部部长王悦纯接受《证券日报》记者采访时表示："今年海外战略步伐加快,重点抢滩印尼为代表的东南亚、澳洲、南美等新兴市场。

海信新闻公关主任喻海涛告诉记者："逐层进入中非地区。"

"下一步继续拓展东南亚市场。"格力市场部相关负责人向记者表示。

海信喻海涛告诉记者："海信立足欧美发达国家,逐步放弃短期的走量式的销售利益,提升国际市场品牌溢价能力和品牌知名度。"

数码相机目前处在其生命周期的哪个阶段?

3. 新产品开发策略

新产品开发是指从研究选择适应市场需要的产品开始到产品设计、工艺制造设计,直到投入正常生产的一系列决策过程。新产品开发的主要策略有以下几种。

(1) 领先策略。领先策略是指企业力图在本行业发展中始终处于领先地位,做到率先研制和采用新技术,生产新产品,以取得市场竞争的优势。

(2) 追随策略。追随策略是指企业紧紧追随在领先企业的后面采用新技术,并对别人已经采用的技术加以改进和提高,特别是在降低产品成本和完善产品质量上付出更多的努力。

(3) 模仿策略。企业自己不搞新产品的研制,而是靠购买专利或利用别人的成果来改进自己的产品。

4. 产品包装策略

包装是指产品的容器或包装物及其装潢设计,是产品整体的一个组成部分。好的包装可以保护商品的使用价值,促进商品的销售。包装的基本策略有以下几种。

① 配套包装策略:指企业若干有关联的产品,包装在同一容器中。
② 统一包装策略:指企业所有产品的包装,在图案、色彩等方面,基本采用统一形式。
③ 附赠品包装策略:在包装中附赠一些物品。
④ 再利用包装策略:产品使用完后,可以另作他用。

任务二　电子产品价格策划

任务导入

案例7-3:吉列按刮脸次数卖剃须刀

在19世纪末期的几十年中,美国有关安全剃须刀方面的专利起码有几十个,吉列只不过是其中之一。使用安全剃须刀不像先前的折叠式剃须刀那样易刮伤脸,又可免去光顾理发店的时间和金钱,但是这种看似很有市场的商品却卖不出去,原因是它太贵了。去理发店只花10美分,而最便宜的安全剃须刀却要花5美元,这在当时可不是一个小数目,因为它相当于一个高级技工一星期的薪水。

吉列的安全剃须刀并不比其他剃须刀好，而且生产成本也更高，但别人的剃须刀卖不出去，吉列的剃须刀却是供不应求，原因就在于他实际上赔本把剃须刀的零售价定为55美分，批发价25美分，这不到其生产成本的1/5。同时，他以5美分一个的价格出售刀片，而每个刀片的制造成本不到1美分，这实际上是以刀片的赢利来补贴剃须刀的亏损。当然吉列剃须刀只能使用其专利刀片。由于每个刀片可以使用6~7次，每刮一次脸所花的钱不足1美分，只相当于去理发店花费的1/10，因而有越来越多的消费者选择使用吉列剃须刀。

吉列的成功在于他采取了一种合适的定价方法，这里面包含着一个简单的道理：消费者购买一种产品或服务并不形成最终的经济行为，而是一个中间行为，消费者用这种行为来"生产"最后的"满足"或"福利"。顾客要购买的并不是剃须刀，而是刮脸，刮脸的最终目的是使他看起来形象更好、更体面等，为了达到这个目的，他有去理发店、买折叠式剃须刀或安全剃须刀三种选择，而吉列的定价方法使他选择购买吉列剃须刀最为划算。在竞争对手们想方设法降低生产成本时，吉列独辟蹊径，他的定价方法反映了消费者购买的真正"价值"，而不是生产商的"成本"，这是他成功的最大原因。

吉列的定价方法成为很多企业模仿的楷模。当然这种做法是需要具备一些条件的：一是亏本的产品与赢利的产品一定要配套。假如消费者买了55美分的吉列剃须刀，又可以从别的厂商那里买1美分的刀片，那么等待他的结果只有一个——破产；二是对消费者的消费情况一定要有一个准确的判断。吉列每销售一个剃须刀亏本1美元，相当25个刀片的赢利，他必须对消费者的平均刮脸次数有一个较准确的估计，假如平均每个消费者每年只用两三个刀片，他也就亏定了；三是竞争对手不会或无力进行恶性竞争。假如有人大量收购吉列剃须刀而又不买刀片，吉列也只有破产一条路可走；四是别人的模仿不会对其造成重大威胁。

灵活的定价和销售方法可以使顾客愿意为他们所买的东西付钱，而不是为厂商所生产的东西付钱，不管是吉列的定价方法还是分期付款或租赁，价格的合理安排一定要符合消费者实际购买的事物。

⃝ 问题讨论

1. 分析吉列安全剃须刀使用的定价策略。
2. 这种定价策略还可以在哪些产品上使用？

⃝ 基本知识

一、影响电子产品定价的因素

商品价格一般指进行交易时，买方所需要付出的代价或付款。价格的制定直接影响产品的销量和销售收入，因此得到企业的普遍重视。

影响电子产品定价的因素很多，主要有以下几个方面。

1. 产品成本因素

成本是产品价格最主要的组成部分，主要分为固定成本和变动成本两种类型。

固定成本是指不管生产或销售多少产品，其成本总额基本保持不变的成本。

变动成本是指那些随着产品生产或销售量变动而变动的成本。

2. 市场供应状况

在产品供不应求时，产品价格必然出现上升的趋势；当产品供大于求时，价格又会呈现下降的趋势。市场供求状况有时甚至会成为左右市场价格的强制力量。

3. 市场竞争的特点

企业必须研究竞争对手的产品质量和价格，然后根据自身的市场定位确定自己应该制定什么样的价格来参与市场竞争。

4. 消费者的心理因素

当消费者心理上预期某种商品可能降价，在短期内会减少需求，价格就会有下降的压力。

> 想一想 为什么有些商品价格尾数是 8 或 9，而不是整数？

二、电子产品定价的方法

1. 成本导向定价法

成本导向定价法是以产品单位成本为基本依据，再加上预期利润来确定价格的定价法，是中外企业最常用、最基本的定价方法。包括成本加成定价法、目标收益定价法、盈亏平衡定价法等几种具体的定价方法。

（1）成本加成定价法。成本加成定价法是按产品单位成本加上一定比例的利润制定产品价格的方法。大多数企业是按成本利润率来确定所加利润大小的，即

$$价格＝单位成本＋单位成本×成本利润率＝单位成本（1＋成本利润率）$$

（2）目标收益定价法。它是在成本的基础上，按照目标收益率的高低计算价格的方法。

$$售价=（总成本+目标利润）/预计销售量$$

（3）盈亏平衡定价法。在销量既定的条件下，企业产品的价格必须达到一定的水平才能做到盈亏平衡、收支相抵。既定的销量就称为盈亏平衡点，这种制定价格的方法就称为盈亏平衡定价法。科学地预测销量和已知固定成本、变动成本是盈亏平衡定价的前提。

2. 竞争导向定价法

竞争导向定价法是以市场上相互竞争的同类产品价格为定价依据的定价方法。竞争导向定价法主要包括以下内容。

（1）随行就市定价法，是指按行业现行平均价格水平来定价。

（2）产品差别定价法，是指企业通过营销努力，使同种同质的产品在消费者心目中树立

起不同的产品形象,进而根据自身特点,选取低于或高于竞争者的价格作为本企业产品价格。

（3）投标竞争定价法,是指在招标竞标的情况下,企业在对竞争对手了解的基础上定价。例如,2008 年海尔中央空调中标北京奥运会主会场"鸟巢"工程、奥运垒球馆等 23 个奥运项目,成为中标奥运场馆最大的品牌。在参与竞标过程中采取的就是投标竞争定价法。

3. 需求导向定价法

需求导向定价法是指以消费者对产品价值的认知和需求强度为定价依据的方法,主要包括以下几种。

（1）理解价值定价法,是指企业以消费者对商品价值的理解度亦即消费者认为该产品值多少钱为定价依据。

（2）需求差异定价法,是指产品价格的确定以需求为依据,首先强调适应消费者需求的不同特性,而将成本补偿放在次要的地位。

（3）逆向定价法。这种定价方法主要不是考虑产品成本,而重点考虑需求状况。依据消费者能够接受的最终销售价格,逆向推算出中间商的批发价和生产企业的出厂价。

案例 7-4：顾客定价法

自古以来,总是卖主开价,买主还价。能否倒过来,先由买主开价呢? 例如, 餐馆的饭菜价格,从来都是由店主决定的,顾客只能按菜谱点菜,按价计款。但在美国的匹兹堡市却有一家"米利奥家庭餐馆",在餐馆的菜单上,只有菜名,没有菜价。顾客根据自己对饭菜的满意程度付款,无论多少,餐馆都无异议,如顾客不满意,可以分文不付。但事实上,绝大多数顾客都能合理付款,甚至多付款。当然,也有付款少的,甚至在狼吞虎咽一顿之后,分文不给,扬长而去的。但那毕竟只是极少数。

问一问

你们认为顾客定价法对于电子电器类商品适用吗?

三、电子产品定价策略

1. 新产品定价策略

有专利保护的新产品的定价可采用撇脂定价法和渗透定价法。

（1）撇脂定价法。新产品上市之初,将价格定得较高,尽可能在产品寿命初期,在竞争者研制出相似的产品以前,尽快地收回投资,并且取得相当的利润。就像从牛奶中撇取所含的奶油一样,取其精华,称为"撇脂定价"法。

（2）渗透定价法。在新产品投放市场时,价格定的尽可能低一些,其目的是获得最高销售量和最大市场占有率。

2. 心理定价策略

心理定价是根据消费者的消费心理定价,有以下几种。

（1）尾数定价。许多商品的价格,常定为 9.8 元或 9.9 元,而不定为 10 元,是适应消费者购买心理的一种取舍。尾数定价使消费者产生一种"价廉"的错觉，比定为 10 元反应积极，促进销售。

（2）声望性定价。指企业利用消费者仰慕名牌商品或名店的声望所产生的某种心理来制定商品的价格，故意定高价。此种定价法有两个目的：一是提高产品的形象，以价格说明其名贵名优；二是满足购买者的地位欲望，适应购买者的消费心理。

（3）习惯性定价。某种商品，由于同类产品多，在市场上形成了一种习惯价格，个别生产者难于改变。降价易引起消费者对品质的怀疑，涨价则可能受到消费者的抵制。

（4）招来定价。是指零售商利用部分顾客求廉的心理，特意将某一种或某几种商品的价格定得较低以吸引顾客进店购物。例如，国美电器等经销商经常在报纸等媒体刊登广告，某某款空调售价 1 元，即是采用了招来定价策略。

3. 折扣定价策略

大多数企业通常都酌情调整其基本价格，以鼓励顾客及早付清货款、大量购买或增加淡季购买。这种价格调整称为价格折扣和折让。价格折扣主要有以下 5 种类型。

（1）现金折扣。现金折扣是对及时付清账款的购买者的一种价格折扣。例如"3/10, N/25"，表示付款期是 25 天，如果在成交后 10 天内付款，给予 3%的现金折扣。许多行业习惯采用此法以加速资金周转，减少收账时间和坏账。

（2）数量折扣。数量折扣是企业给那些大量购买某种产品的顾客的一种折扣，以鼓励顾客购买更多的货物。大量购买能使企业降低生产、销售等环节的成本费用。例如，顾客购买某种商品 50 单位以下，每单位 20 元；购买 50 单位以上，每单位 15 元。

（3）职能折扣。职能折扣也称为贸易折扣，是制造商给予中间商的一种额外折扣，使中间商可以获得低于目录价格的价格。

（4）季节折扣。季节折扣是企业鼓励顾客淡季购买的一种减让，使企业的生产和销售一年四季能保持相对稳定。

（5）推广津贴。为扩大产品销路，生产企业向中间商提供促销津贴。如零售商为企业产品刊登广告或设立橱窗，生产企业除负担部分广告费外，还在产品价格上给予一定优惠。

4. 产品组合定价策略

产品组合定价策略是对不同组合产品之间的关系和市场表现进行灵活定价的策略。常用的产品组合定价形式有以下几种。

（1）产品线定价。产品线定价是根据购买者对同样产品线不同档次产品的需求，精选设计几种不同档次的产品和价格点。例如，松下公司设计出五种不同的彩色立体声摄像机，简单型的只有 4.6 磅，复杂型的有 12.3 磅，包括自动聚焦、明暗控制、双速移动目标镜头等。产品线上的摄像机依次增加新功能，并依次根据成本差距和市场情况制定一系列有明显差别的价格，以供有不同偏好的顾客进行选择。

（2）任选产品定价。即在提供主要产品的同时，还附带提供任选品或附件与之搭配。例如，在销售彩电时，还可以附带以优惠价格销售 DVD 机等鼓励消费者多购买。

（3）附属产品定价法。以较低价销售主产品来吸引顾客，以较高价销售备选和附属产品来增加利润。

（4）捆绑定价。将数种产品组合在一起以低于分别销售时支付总额的价格销售。

案例 7-5：格兰仕微波炉：价格策略的成功

在微波炉市场的发展过程中，格兰仕成功地运用价格因素，经历"三大战役"，在市场中确立起霸主地位。

（1）1996 年 8 月，格兰仕集团在全国范围内打响微波炉的价格战，降价幅度平均达 40%，带动中国微波炉市场从 1995 年的不过百万台增至 200 多万台。格兰仕集团以全年产销量 65 万台的规模，确立市场领先者地位。

（2）1997 年格兰仕抓住时机，发起了微波炉市场的"第二大战役"——阵地巩固战。采用买一送一的促销活动，发动新一轮的让利促销攻势。在全国许多大中城市实施"买一赠三"，甚至"买一赠四"的促销大行动，使得格兰仕的产销规模迅速扩大，格兰仕也因此成为全球最具规模的微波炉生产企业之一。

（3）在取得市场的绝对优势后，格兰仕乘胜追击，发动了微波炉市场的"第三大战"——品牌歼灭战。再度将 12 个品种的微波炉降价 40%，又一次实施"组合大促销"：购买微波炉可获得高档豪华电饭煲、电风扇、微波炉饭煲等赠品外，又有 98 世界杯世界顶级球星签名的足球赠品和千万元名牌空调大抽奖。这种以同步组合重拳打响市场，被同行业称为毁灭性的市场营销策略，再度在全国市场引起巨大震动。

目前，格兰仕垄断了国内 60%、全球 35%的市场份额，成为中国乃至全世界的"微波炉大王"。全球微波炉市场中每卖出两台微波炉就有一台是格兰仕生产的。

小故事

安静的小狗闹市场

"安静的小狗"是一个松软猪皮便鞋的品牌，由美国沃尔弗林环球股份公司生产。当"安静的小狗"问世时，该公司为了了解消费者的心理，采取了一种独特的试销方法：先把 100 双鞋无偿交给 100 名顾客试穿，待 8 周后，公司派人登门取回鞋，如果有人想留下鞋子，就交 5 美元。后来，多数顾客留下了鞋子。摸清了顾客的心理价位，公司马上将价格定在 7.5 美元一双，并开始大张旗鼓地生产。结果，销售取得了极大的成功。

任务三　电子产品分销渠道策划

任务导入

案例 7-6：LG 电子公司的渠道策略

LG 电子公司从 1994 年开始进军中国家电业，目前其产品包括彩电、空调、洗衣机、微波炉、显示器等种类。LG 电子公司把分销渠道作为一种重要资产来经营，通过把握渠道机会、设计和管理分销渠道拥有了一个高效率、低成本的销售系统，提高了其产品的知名度、市场占有率和竞争力。

一、准确进行产品市场定位和选择恰当的分销渠道

LG 将市场定位在那些既对产品性能和质量要求较高，又对价格比较敏感的客户。LG 选择大型商场和家电连锁超市作为主要营销渠道。因为大型商场是我国家电产品销售的主渠道，具有客流量大、信誉度高的特点，便于扩大 LG 品牌的知名度。在一些市场发育程度不很高的地区，LG 则投资建立一定数量的专卖店，为其在当地市场的竞争打下良好的基础。

二、为渠道商提供全方位的支持和进行有效的管理

在利润分配方面，LG 给予经销商非常大的收益空间，为其制定了非常合理、详细的利润反馈机制。在经营管理方面，LG 为经销商提供全面的支持，包括信息支持、培训支持、服务支持、广告支持等。尤其具有特色的是 LG 充分利用网络对经销商提供支持。为了防止不同销售区域间的窜货发生，LG 实行统一的市场价格。与渠道商签订合同来明确双方的权利与义务，用制度来规范渠道商的行为。

三、细化营销渠道，提高其效率

LG 依据产品的种类和特点对营销渠道进行细化，将其分为 LG 产品、空调与制冷产品、影音设备等营销渠道。这样，每个经销商所需要掌握的产品信息、市场信息范围缩小了，可以有更多的精力向深度方向发展，更好地认识产品、把握市场、了解客户，最终提高销售质量和业绩。

四、改变营销模式，实行逆向营销

为了避免传统营销模式的弊端，真正做到以消费者为中心，LG 将营销模式由传统的"LG→总代理→二级代理商→……→用户"改变为"用户←零售商←LG+分销商"的逆向模式。采用这种营销模式，LG 加强了对经销商特别是零售商的服务与管理，使渠道更通畅。同时中间环节大大减少，物流速度明显加快，销售成本随之降低，产品的价格也更具竞争力。

● 问题讨论

1. LG 电子公司选择了怎样的分销渠道？
2. LG 电子公司如何对渠道商实施有效管理的？

● 基本知识

一、分销渠道的概念

分销渠道是指产品所有权从生产者向消费者转移过程中所经过的由各中间商连接起来形成的通道。分销渠道的起点是生产者，终点是消费者或用户。中间商包括各种批发商、代理商和零售商。

1. 批发商

批发商向生产企业购进商品，然后转售给其他批发商、零售商、产品用户和各种非营利组织。

批发商具有如下特点。

（1）**业务量大**。批发商业务量一般比零售商大，业务覆盖的区域也比较广。

（2）**地理位置优势**。由于批发商不直接面对个人消费者，因此批发商所处的地理位置是否接近商业中心并不重要，而所处位置的交通和通信条件更加重要。

（3）**推销方式特殊**。批发商所采用的促销方式一般为人员推销，较少用广告或根本不用广告；批发商在其所经营的产品线内，通常经营多种品牌甚至所有同类企业相互竞争的产品。

2. 代理商

代理商和批发商的本质区别是它对商品没有所有权，主要功能就是促进买卖，从中获得销售佣金。销售佣金大约占销售额的 2%～6%。由于没有独立投资，它在商品分销过程中不承担风险。

3. 零售商

零售商是指将商品直接销售给最终消费者的中间商，处于商品流通的最终阶段。零售商最基本的任务是直接为消费者服务。

二、分销渠道的类型

按分销渠道的长度，分销渠道分为以下四种类型。

（1）**直接渠道**。制造商—消费者。

（2）**一级渠道**。制造商—零售商—消费者。

（3）**二级渠道**。制造商—批发商—零售商—消费者；或者是制造商—代理商—零售商—消费者。

（4）**三级渠道**。制造商—代理商—批发商—零售商—消费者。

按分销渠道的宽窄，分销渠道可分为以下两种类型。

（1）**宽渠道**。渠道宽窄指的是渠道的每个环节中使用同类型中间商数目的多少。企业使用的同类中间商多，产品在市场上的分销面广，称为宽渠道。如电池等一般的日用消费品。

（2）**窄渠道**。由多家批发商经销，又转卖给更多的零售商，能大量接触消费者，大批量地销售产品。企业使用的同类中间商少，分销渠道窄，称为窄渠道。它一般适用于专业性强的产品，或贵重耐用消费品，如数码摄像机、空调等电子产品。

> **想一想** 分销渠道越短，商品流转速度越快吗？

三、电子产品分销商的选择

分销和批发是相对的。随着批发概念的落伍，出现分销的概念。分销商是指那些专门从事将商品从生产者转移到消费者的活动的机构和人员。分销商与制造商之间的关系是卖者和买者的关系，分销商是完全独立的商人。

分销商的作用在于，其能够提高企业销售活动的效率；储存和分销产品；传递市场信息。

所以选择分销商对企业来说非常重要。

1. 选择分销商应考虑的因素

（1）市场覆盖范围。市场是选择分销商最重要的因素。一方面要考虑所选分销商的经营范围所覆盖的地区与企业产品的预期销售地区是否一致；另一方面要考虑分销商的销售对象与企业的目标市场是否相一致。

（2）分销商的信誉。分销商的信誉在当今市场经济条件下相当重要。它不仅关系到企业产品销售的收款情况，还直接关系到市场网络对企业产品的支持。

（3）分销商的历史经验。经营历史较长的经销商，拥有一定的市场影响和一批忠实的顾客，且积累了比较丰富的专业知识和经验，将有利于企业产品的销售。

（4）分销商的合作意愿。合作意愿强的经销商将会积极、主动地推销企业的产品。

（5）分销商的财务状况。企业应尽量选择资金雄厚、财务状况良好的分销商，以保证能及时付款。

（6）分销商的区位优势。理想的分销商的地理位置应该是顾客流量较大的地点。

（7）分销商的促销能力。分销商推销商品的方式及运用促销手段的能力，直接影响着企业产品的销售规模。

（8）分销商的产品组合情况。在经销产品的组合关系中，如果分销商经销的产品与企业的产品是竞争产品，将不利于企业产品的销售，应尽量避免。

2. 分销商选择的方法

分销商的选择，一般采用评分法进行选择。评分法，就是对拟选择的每个分销商，就其从事商品分销的能力和条件进行打分评价，根据评分的多少选择适合分销商的方法。分销商选择评价表如表 7-1 所示。

表 7-1　分销商选择评价表

评价因素	权数	分销商 1		分销商 2	
		评分	加权分	评分	加权分
1. 市场覆盖范围	0.20	85	17	70	14
2. 分销商的信誉	0.15	70	10.5	80	12
3. 分销商的历史经验	0.10	90	9	85	805
4. 分销商的合作意愿	0.10	75	7.5	80	8
5. 分销商的财务状况	0.15	80	12	90	13.5
6. 分销商的区位优势	0.15	80	12	60	9
7. 分销商的促销能力	0.10	65	6.5	75	7.5
8. 分销商的产品组合情况	0.05	70	3.5	80	4
总分	1.00	615	78	620	76.5

小故事

聪明的报童

某一地区，有两个报童在卖同一种报纸，两个人是竞争对手。

第一个报童很勤奋，每天沿街叫卖，嗓子也很响亮，但卖出去的报纸并不多。

第二个报童肯用脑子，除了沿街叫卖，他还坚持每天去一些商铺，去后就给大家分发报纸，过一会儿再来收钱。地方越跑越多，报纸卖出的越来越多。后来，第一个报童卖出去的报纸越来越少，不得不另谋生路了。

四、电子产品分销渠道设计策略

1. 渠道长度设计策略

（1）长渠道策略。长渠道策略是指分销渠道所经过的环节较多的渠道策略。当企业产品品种繁多、用途多样、消费者分布广泛时，常采用长渠道策略。

（2）短渠道策略。短渠道策略是指分销渠道所经过的环节较少的渠道策略。当产品品种较少，用途专一，用户数量较少的情况下，尽量采用短渠道策略。

（3）零渠道策略。零渠道策略是指分销渠道不经过中间环节，直接由生产商向最终消费者销售产品的渠道策略。对于一些适合于直销的产品，应采用零渠道策略，如中央空调。

2. 渠道宽度设计策略

（1）密集分销渠道策略。密集分销渠道策略也称为广泛分销策略，是指在同一渠道层次上，选择尽可能多的中间商分销企业产品的渠道策略。适用于市场需求量大、经常耗用的电子产品。

（2）选择分销渠道策略。选择分销渠道策略是指选择少数几个最适合的中间商分销企业产品的渠道策略。适用于选购品、电子元器件。

（3）独家分销渠道策略。独家分销渠道策略是指仅选择一家中间商分销企业产品的渠道策略。适用于高档、技术性强的电子产品。

问一问

消费者重视的品牌采用密集分销渠道策略合适吗？

综合训练

一、案例分析

（1）教师组织开展讨论活动，鼓励学生积极发言、创新思维。

（2）以小组为单位讨论问题。

（3）各组组长主持本组讨论并填写记录表。

（4）各组报告讨论结果。

（5）教师对讨论结果进行综合评价，对表现好的小组予以表扬。

案例 7-7：产品策略差异与企业兴衰

A 电话设备厂地处上海，1958 年建厂。A 厂自 1960 年研制成功我国第一部纵横制自动电话交换机开始，截至 1991 年，累计生产各类交换机达 400 万线，产品销往全国各省、市，市场占有率达 60％以上。20 世纪 70 年代至 80 年代末，A 厂产品始终供不应求，企业生产经营十分兴旺。B 电话设备厂地处河南，由 A 厂无偿提供全部生产技术，并负责工厂的建设。B 厂的地理位置不佳，生产和管理人员素质不高，一定程度上制约了 B 厂的生产经营发展。在计划经济时期，纵横制自动电话交换机属稀缺产品，靠着国家指令性计划调拨，B 厂尚可维持企业生存。20 世纪 80 年代中期，数字程控交换机技术日趋完善，大量的进口或三资企业制造的数字程控交换机纷纷进入我国通信市场，数字程控交换机已潜在地显示出它将最终取代纵横制自动电话交换机。20 世纪 80 年代后期，该行业众多企业销售萎缩，企业经营困难。此时，B 厂意识到产品变革的必要性，开始与解放军某通信学院合作开发新一代产品 HJD—04 数字程控交换机，而 A 厂纵横制自动电话交换机的市场销量非但没有下降，反而呈不断上升趋势。面对这样的市场形势，A 厂的决策层认为："A 厂纵横自动电话机牌子老、技术性能可靠，市场销售不会受数字程控交换机的影响，靠着纵横制还能吃上 20 年。"A 厂非但不考虑新产品的开发，却继续扩大纵横制自动电话交换机的生产规模。进入 20 世纪 90 年代后，在数字程控交换机更为猛烈的市场冲击下，A 厂的产品也出现滞销。至 1991 年，A 厂的交换机基本没有销售订货，工厂当年就跌入了亏损的困境。此时的 B 厂同样也受到了纵横制自动电话交换机滞销的影响。但是，B 厂与解放军某通信学院合作开发的国产 HJD—04 程控交换机已于 1991 年正式推入市场，及时地补充了纵横制自动电话交换机的不足，企业非但没有出现亏损，而且效益呈不断上升趋势。

问题： A 厂和 B 厂在 20 世纪 80 年代后期产品策略有什么不同？进入 20 世纪 90 年代以后命运为什么会有如此大的差异？

二、主题讨论

主题： 几种常用电子产品的市场特点及其营销策略

各小组在组长的带领下展开分析讨论，分析表中所列产品当前的市场特点及应采取的市场策略。组长负责记录讨论结果（表 7-2）。

表 7-2 ＿＿＿小组讨论记录表

产品 市场特点	家庭中央空调	等离子电视机	手 机	MP3	黑白电视机
销售量大吗？					
商家利润大吗？					
单位成本高吗？					
哪类人会买？					

续表

产　品 市场特点	家庭中央空调	等离子电视机	手　机	MP3	黑白电视机
竞争者多吗？					
生命周期阶段	·				
相应的营销策略					

三、社会实践

任务：

以小组为单位，考察几款最新推出的手机新产品的主要特点，分析、预测一下手机新产品未来的市场前景，以及目前畅销手机的市场走向。

过程：

（1）确定市场调查任务。

（2）制订市场调查计划。

（3）执行市场调查计划。

（4）撰写市场调查报告。

成果：市场调查报告。

电子产品市场推广

（一）认知目标

（1）掌握电子产品广告宣传的基本知识。

（2）掌握电子产品人员推销的基本知识。

（3）掌握电子产品营业推广的基本知识。

（4）掌握电子产品公关促销的基本知识。

（二）技能目标

（1）能够运用所学知识促进产品销售，提升企业和产品形象。

（2）熟悉人员推销基本业务。

（三）情感目标

（1）具备一定的沟通和协作能力。

（2）具备一定的信息处理、数字应用、分析和解决问题的能力。

（3）具备一定的创新能力。

任务一　电子产品广告宣传

任务导入

案例 8-1：感人的诺基亚广告

广告的场景在熙熙攘攘的街头展开。男人拿着手机向路人求助帮他拍照。拍照的内容很简单，都是以一些路牌或者标志为背景，而非旅游景点常见的美景。男人在这些路牌旁做出各种手势，让观众看了一下子有些摸不着头脑。而男人在街头不停拍照的同时，女主角一个人在家中对着窗外的夜景静静思念。后来，女主角的手机响了，传来了彩信。彩信的内容是男人在街头拍的一幅幅照片连在一起的画面。这时观众会有一种豁然开朗的感觉，因为这些图片的内容连在一起就是：Will you mary me？男主角因为找不到合适的 marry 而用 mary 做了代替，找不到合适的 me 而用男厕所门口的

NOKIA

men 把 n 遮住作了替代。想是这样精心准备的求婚任谁都会感动不已，而广告没有让我们这些观众失望，女主角看着看着就笑了。最后广告仍在那条纷纷攘攘的街头上结束，男主角的电话响了。他兴奋地接通了电话。而他背后的卡车恰到好处地驶走。NOKIA 五个大大的字母立马展现在了观众眼前。这样感人的爱情，我想很多人都会在看了这个广告之后会心一笑，而这，也就达到了诺基亚的目的。

⬤ **问题讨论**

1. 请问诺基亚拍这条感人广告的目的是什么？
2. 你们认为产品广告应该传达的信息有哪些？

⬤ **基本知识**

一、广告的定义

广告源于拉丁语，有"注意"、"诱导"、"大喊大叫"和"广而告之"之意。美国广告主协会对广告下的定义是：广告是付费的大众传播，其最终目的是传递信息，改变人们对广告商品或事项的态度，诱发其行动而使广告主获得利益。

广告最基本的功能是认识功能。广告能帮助消费者认识和了解各种商品的商标、性能、用途、使用和保养方法等内容。通过广告宣传，能起到诱导购买、扩大销量的作用。同时，广告的艺术形式表现出来，可以让顾客享受到一种文化艺术的感染，从而起到意想不到的宣传作用。

> 给你们留下深刻印象的广告有哪些？　　　　　　　　　　　　　　**说一说**

二、广告媒体种类及选择

广告媒体，也称为广告媒介，是广告与广告接受者之间的媒介物质。它是广告宣传必不可少的物质条件。

1. 广告媒体的种类

广告媒体的种类很多，不同类型的媒体有不同的特性。目前比较常用的广告媒体有以下几种。

（1）报纸。其优越性表现在发行量大、影响广泛、传播迅速、费用较低、便于剪贴存查等。其不足是：报纸登载内容庞杂，易分散对广告的注意力；广告时效短，重复性差，只能维持当期的效果。

（2）杂志。其优点是广告宣传对象明确、针对性强，保存期长，发行面广，印刷精美，能较好地反映产品的外观形象。缺点是发行周期长，灵活性较差，传播不及时；读者较少，传播不广泛。

（3）广播。广播媒体的优越性是传播迅速、及时，制作简单，费用较低，灵活性高，听众广泛。其局限性在于：时间短促，转瞬即逝，不便记忆；有声无形，印象不深；不便存查。

（4）电视。电视广告媒体的优点是：听视结合，使广告形象、生动、逼真、感染力强，宣传范围广，影响面大，送达率高。其缺点是：时间性强，不易存查；制作复杂，费用较高。

以上四种广告媒体是最常用的，被称为四大广告媒体。

（5）因特网。相比传统媒体，因特网具有速度快、容量大、范围广、可检索、可复制，以及交互性、导航性、丰富性、成本低等优点，发展极为迅速。

此外还有一些其他广告媒体，如橱窗、车船、霓虹灯等。

> 想一想　还有哪些广告媒体没有提到？

2. 广告媒体种类的选择

正确地选择广告媒体，一般要考虑以下影响因素。

（1）产品的特性。广告媒体只有适应产品特性，才能取得较好的广告效果。通常，对高科技产品进行广告宣传，面向专业人员，多选用专业性杂志；而对大众消费品，则适合选用能直接传播到大众的广告媒体，如报纸、电视等。例如，步步高无绳电话的电视广告小丽篇，就符合无绳电话为大众消费品的特点，采用电视广告，广受好评。

（2）消费者接触媒体的习惯。一般认为，能使广告信息传达到目标市场的媒体是最有效的媒体。企业应该通过市场调研了解目标顾客的媒体习惯。例如，对家用空调器的广告宣传，因其目标顾客是千家万户，宜选电视作其媒体。

（3）媒体的传播范围。媒体传播范围的大小直接影响广告信息传播区域的广窄。在开辟全国市场时，应以全国性发放的报纸、杂志、广播、电视等作广告媒体；进军地方市场，可通过地方性报刊、电台、电视台、霓虹灯等传播信息。

（4）媒体的费用。各广告媒体的收费标准不同，即使同一种媒体，也因传播范围和影响力的大小而有价格差别。一般电视媒体费用较高，报纸、广播、网络等媒体费用较低。除了考虑媒体绝对费用，在进行媒体比较时也应考虑其相对费用，即考虑广告促销效果。

总之，要根据广告目标的要求，结合各广告媒体的优缺点，综合考虑上述各影响因素，尽可能选择使用效果好、费用低的广告媒体。

三、广告策略的选择及广告效果的测定

广告策略是指广告策划者在广告信息传播过程中，为实现广告战略目标所采取的对策和应用的方法、手段。

1. 广告策略的选择

（1）广告媒体选择策略

① 无差别策略：也称为无选择策略，是指选择所有媒体同时展开立体式广告攻势，即不计时间段、不计成本的地毯式广告。

② 差别策略：是指有针对性地选择个别媒体进行广告宣传。

111

③ 动态策略：是指根据广告媒体的传播效果和企业目标市场需达到的需求状态灵活地选择广告媒体。

（2）广告定位策略

① 抢先定位策略：是指企业在进行广告定位时，力争使企业的产品品牌第一个进入消费者心目中，抢占市场第一的位置。

② 强化定位策略：是指企业成为市场领导者后，还不断加强产品在消费者心目中的地位，以确保第一的位置。

③ 比附定位策略：是指企业在广告定位时用与竞争对手相比较的方法，设法建立企业产品品牌在消费者心目中的位置。

④ 逆向定位策略：是指企业在进行广告定位时，寻求远离竞争者的"非同类"构想，使企业产品品牌以一种独特的形象进入消费者的心目中。

⑤ 补隙定位策略：是指企业在进行广告设计时，根据自己产品的特点，寻找消费者心目中的空隙，力求在产品的大小、价位、功能等方面独树一帜。

（3）广告时间策略

① 集中时间策略：企业集中力量在短期内对目标市场进行突击性的广告攻势。

② 均衡时间策略：企业有计划地、反复地对目标市场进行广告宣传的策略。

③ 季节时间策略：企业对于季节性强的产品，依据销售季节的特点，在销售旺季到来之前开展广告宣传活动的策略。

④ 节假日时间策略：企业在节假日来临之前或节假日期间加强进行广告宣传的策略。

案例 8-2：一字之差

一家美国公司在日本市场推销某产品时使用的广告语是曾经风靡美国市场的"做你想做的"，但是却没有达到明显的效果，颇感意外。经过调查后才知道，日本文化与美国文化在价值观上存在很大差异。大多数日本人并不喜欢标新立异，突出个性，而是非常强调克己、规矩。于是，这家公司便将广告语改为"做你应该做的"，结果市场反应转好。虽然只是一字之差，引发的思考却耐人寻味。

2. 广告效果的测定

（1）广告促销效果的测定

广告促销效果，也称为广告的直接经济效果，它反映广告费用与商品销售量（额）之间的比例关系。广告促销效果的测定，是以商品销售量（额）增减幅度作为衡量标准的。测定方法很多，如单位费用促销法，这种方法可以测定单位广告费用促销商品的数量或金额。单位广告费用促销额（量）越大，表明广告效果越好；反之则越差。

（2）广告沟通效果的测定

广告沟通效果不以销售数量的多少为衡量标准，而主要是以广告对目标市场消费者所引起心理效应的大小为标准，包括对商品信息的注意、兴趣、情绪、记忆、理解、动机等。因此，对广告沟通效果的测定，应主要测定知名度、注意度、理解度、记忆度、视听率、购买动机等项目。

任务二　电子产品人员推销

任务导入

案例8-3：促使顾客下定决心

推销员老黄带着小张前去拜访某机关一位姓郑的处长，推销中英文计算机记事本。小张开始向郑处长详细地介绍商品，并拿出样品向他做了一番演示，郑处长接过计算机记事本摆弄一番，说："这东西很不错。这样，我现在还有一点事情，过几天我给你打电话。"

十分显然，这是顾客在委婉地拒绝。小张只好抱着万分之一的希望对处长说："那我等您的电话吧。"

老黄在旁边仔细地观察着这一幕，这时他站起来，走到郑处长的办公桌前，问道："郑处长，使用计算机记事本很方便，您说对吗？"

郑处长点点头说："是很方便，但我今天有点事情，改天再谈吧。"

老黄接着说："别的处有好几位处长都买了这种记事本，他们都感到使用起来很方便。"

郑处长马上问："是吗？"

老黄接着说："是的，而且这种产品目前是在试销，价格是优惠的，试销期以后，价格就会上涨10%，这么好的产品，您为什么不马上就买呢？"

郑处长默默地想了一会儿，似乎还在犹豫。

老黄又接着说："我们是有良好信誉度的公司，开具正规发票，并提供售后服务"。

郑处长终于点点头说："好吧，我买一台。"

问题讨论

1. 为何老黄公司要采用上门推销的方式而非柜台销售？
2. 推销员老黄使用了哪些推销方法？
3. 小张应该向老黄学习哪些素质？

基本知识

一、人员推销的形式和特点

人员推销是指通过推销人员深入中间商或消费者之中进行直接宣传介绍，使其采取购买行为的促销方式。它是人类最古老的促销方式。在商品经济高度发达的现代社会，人员推销这种古老的形式更焕发了青春，成为现代社会最重要的一种促销形式之一。

1. 人员推销的基本形式

（1）上门推销。上门推销是最常见的人员推销形式。它是由推销人员携带产品样品、说明书和订单等走访顾客，推销产品。这种推销形式可以针对顾客的需要提供有效的服务，方便顾客。电子类产品在接触中间商时，需要进行人员推销。

（2）柜台推销。柜台推销是指企业在适当地点设置固定门市，由营业员接待进入门市的顾客，推销产品。门市的营业员是广义的推销员。柜台推销与上门推销正好相反，它是等客上门式的推销方式。例如，国美电器，迪信通手机连锁等的工作人员就属于柜台推销员。

（3）会议推销。会议推销是指利用各种会议向参会人员宣传和介绍产品，开展推销活动。譬如，在订货会、交易会、展览会等会议上推销产品。这种推销形式接触面广、推销集中，可以同时向多个推销对象推销产品，成交额较大，推销效果较好。

2. 人员推销的特点

（1）针对性强。相对于广告来说，能够与顾客面对面直接沟通是人员推销的主要特征。由于是双方直接接触，相互间在态度、气氛、情感等方面都能捕捉和把握，有利于销售人员有针对性地做好沟通工作，解除顾客各种顾虑，引导购买欲望。

（2）销售效果好。人员推销的又一特点是提供产品实证，销售人员通过展示产品，解答质疑，指导产品使用方法，使目标顾客能当面接触产品，从而确信产品的性能和特点，易于消费者采取实际的购买行为。例如，手机销售人员可以通过让顾客试用手机打电话、拍照片等来展示手机的优点，消费者的切身体会能增加达成交易的概率。

（3）密切买卖双方关系。销售人员与顾客直接打交道，交往中会逐渐产生信任和理解，加深双方感情，建立起良好的关系，容易培育出忠诚顾客，稳定企业销售业务。

（4）信息传递的双向性。在推销过程中，销售人员一方面把企业信息及时、准确地传递给目标顾客，另一方面把市场信息、顾客（客户）的要求，意见、建议反馈给企业，为企业调整营销方针和政策提供依据。

> 想一想 ● 传销是人员推销吗？

二、人员推销的工作程序

人员推销是买卖双方互相沟通信息，实现买卖交易的过程。这一过程包括七个步骤，如图 8-1 所示。在人员推销的不同阶段，推销人员应根据具体情况运用不同的推销策略。

推销准备 → 寻找顾客 → 访问顾客 → 介绍产品 → 处理异议 → 达成交易 → 购后活动

图 8-1　人员推销的步骤

1. 推销准备

为顺利完成销售任务，推销人员必须做好知识和思想两方面的准备工作。知识准备工作主要有下列四个方面，如表 8-1 所示。

表 8-1 推销的知识准备

名 称	内 容
知识准备 企业知识	企业的历史、规模、组织、人力、财务及销售政策等
商品知识	商品的构造原理、制造过程、使用方法、保养维护等
竞争之势	竞争对手在产品、价格、分销渠道和促销等方面的特点
市场知识	消费者需求、购买模式、购买能力、潜在顾客及消费者对本企业的态度

推销是一项极具魅力、极富创造性、极有吸引力的工作，但推销也是一项十分艰苦的工作。因此，推销人员还必须做好充分的思想准备。

2. 寻找顾客

寻找有一定购买欲望、购买能力及掌握购买决策权、有接近可能性的潜在消费者作为推销对象，是有效促销活动的基础。

3. 访问顾客

（1）拟定访问计划。包括向顾客推销何种商品、该商品能满足顾客的何种需求；洽谈内容；产品资料、样品、照片等。

（2）约会面谈。视情况选择一个约会方法（如电话约会、访问约会），并与顾客约定面谈的时间和地点。

（3）接近方法。推销人员应该知道初次与客户交往时如何向客户问候，使双方的关系有一个良好的开端，这包括推销人员的仪表、开场白和随后谈论的内容。

4. 介绍产品

推销人员可以按照 AIDA 模式——争取注意（Attention）、引起兴趣（Interest）、激发欲望（Desire）和见诸行动（Action），向购买者介绍该产品的"故事"。在整个过程中推销员应以产品性能为依据，着重说明产品对客户所带来的利益。

5. 处理异议

客户在产品介绍过程中，几乎都会表现出抵触情绪，对推销的商品提出异议。这时推销人员要保持镇定，表现出真诚、温和的态度。对意见涉及的问题做出诚恳的、实事求是的解释，以消除顾客的疑虑。

6. 达成交易

排除客户的主要异议后，要抓住时机与顾客达成交易。销售员必须懂得如何从客户那里发现可以达成交易的信号，包括客户的动作、语言、评论和提出的问题。

7. 购后活动

交易达成之后，推销人员还需进行售后服务与一系列的购后活动。如组织包装、发货、运输和安装调试、操作培训、定期了解产品使用情况等。

三、人员推销的策略

1. 试探性策略

试探性策略也称为"刺激—反应"策略。这种策略是在不了解顾客的情况下，推销人员运用刺激性手段引导顾客产生购买行为的策略。推销人员事先设计好能引起顾客兴趣、能刺激顾客购买欲望的推销语言，通过渗透性交谈进行刺激，在交谈中观察顾客的反应；然后根据其反应采取相应的对策，并选用得体的语言，再对顾客进行刺激，进一步观察顾客的反应，以了解顾客的真实需要，诱发购买动机，引导产生购买行为。如学习机推销中的功能演示。

2. 针对性策略

针对性策略是指推销人员在基本了解顾客某些情况的前提下，有针对性地对顾客进行宣传、介绍，以引起顾客的兴趣和好感，从而达到成交的目的。因推销人员常常在事前已根据顾客的有关情况设计好推销语言，这与医生对患者诊断后开处方类似，故又称针对性策略为"配方—成交"策略。例如，具有医疗保健功能的电子产品的推销。

3. 诱导性策略

诱导性策略是指推销人员运用能激起顾客某种需求的说服方法，诱发引导顾客产生购买行为。这种策略是一种创造性推销策略，它对推销人员要求较高，要求推销人员能因势利导，诱发、唤起顾客的需求；并能不失时机地宣传介绍和推荐所推销的产品，以满足顾客对产品的需求。因此，诱导性策略也可称为"诱发—满足"策略。

📢 小故事

把梳子卖给和尚

一位商人，为了在四个儿子中挑选自己的继承人，而决定对他们做一个测试：在一天的时间内，向寺庙里的和尚们推销梳子。

早晨，四个儿子身背梳子分头行动。

不一会儿的工夫老大便悻悻而归："这不是明摆着折腾人吗？和尚们根本就没有头发，谁买梳子？"

中午老二沮丧而归："我到处跟和尚讲我的梳子是如何如何好，结果那些和尚说我笑话他们没有头发，赶我走甚至要打我。幸亏我看到一个小和尚抓头挠痒，就劝他买把梳子挠痒，这才卖出了一把。"

下午老三得意地回来："我问一位山庙里的和尚，如果拜佛的人头发被山风吹乱了，是不是对佛不尊敬？和尚说是的。我说你知道了又不提醒他，是不是一种罪过，他说是的。于是我建议他在每个佛像前摆一把梳子，香客来了梳完头再拜佛。一共 12 座佛像，我便卖出去一打！"

晚上老四疲惫地回来，不仅梳子全部卖完，还带回了与寺庙签订的大额订单及与寺庙联合成立梳子厂的协议。看到大家惊诧不已，老四解释说："我找到当地香火最旺的寺庙，直接跟方丈讲，你想不想给寺庙增加收入？方丈说当然想了。于是我建议他在寺庙最显眼的位置贴上告示，只要给寺庙捐钱捐物就有礼物送，礼物就是一把经过高僧开光并刻有寺名的功德梳。用这把功德梳在人多的地方梳头，就能梳去晦气梳来运气。于是很多人捐钱后就在人多的地方梳头，又促使更多人去捐钱拿梳子。就这样，所有的梳子都卖出去了还不够。"

四、人员推销技巧

1. 上门推销技巧

（1）**找好上门对象**。可以通过商业性资料手册或公共广告媒体寻找重要线索，也可以到商场、门市部等商业网点寻找客户名称、地址、电话、产品和商标。

（2）**做好上门推销前的准备工作**，尤其要对公司发展状况和产品、服务的内容材料要十分熟悉、充分了解并牢记，以便推销时有问必答；同时对客户的基本情况和要求应有一定的了解。

（3）**掌握"开门"的方法**，即要选好上门时间，以免吃"闭门羹"，可以采用电话、传真、电子邮件等手段事先交谈或传送文字资料给对方并预约面谈的时间、地点。也可以采用请熟人引见、名片开道、与对方有关人员交朋友等策略，赢得客户的欢迎。

（4）**把握适当的成交时机**。应善于观察顾客的情绪，在给客户留下好感和信任时，抓住时机发起"进攻"，争取签约成交。

（5）**学会推销的谈话艺术**。

2. 洽谈的艺术

首先注意自己的仪表和服饰打扮，给客户一个良好的印象；同时，言行举止要文明、懂礼貌、有修养，做到稳重而不呆板、活泼而不轻浮、谦逊而不自卑、直率而不鲁莽、敏捷而不冒失。在开始洽谈时，推销人员应巧妙地把谈话转入正题，做到自然、轻松、适时。可采取以关心、赞誉、请教、炫耀、探讨等方式入题，顺利地提出洽谈的内容，以引起客户的注意和兴趣。在洽谈过程中，推销人员应谦虚谨言，注意让客户多说话，认真倾听，表示关注与兴趣，并做出积极的反应。遇到障碍时，要细心分析，耐心说服，排除疑虑，争取推销成功。在交谈中，语言要客观、全面，既要说明优点所在，也要如实反映缺点，切忌高谈阔论、"王婆卖瓜"，让客户反感或不信任。洽谈成功后，推销人员切忌匆忙离去，这样做，会让对方误以为上当受骗了，从而使客户反悔违约。应该用友好的态度和巧妙的方法祝贺客户做了笔好生意，并指导对方做好合约中的重要细节和其他一些注意事项。

3. 排除推销障碍的技巧

（1）**排除客户异议障碍**。若发现客户欲言又止，推销人员应主动少说话，直截了当地请对方充分发表意见，以自由问答的方式真诚地与客户交换意见。对于一时难以纠正的偏见，可将话题转移。对恶意的反对意见，可以"装聋扮哑"。

（2）**排除价格障碍**。当客户认为价格偏高时，应充分介绍和展示产品、服务的特色和价值，使客户感到"一分价钱一分货"；如果客户认为价格过低，产生怀疑，应介绍定价低的原因，让客户感到物美价廉。

（3）**排除习惯势力障碍**。实事求是地介绍客户不熟悉的产品或服务，并将其与他们已熟悉的产品或服务相比较，让客户乐于接受新的消费观念。

任务三　电子产品营业推广

任务导入

案例 8-4：××电器商场家电促销活动方案

活动主题：××家电节

活动时间：2011 年 7 月 1 日～8 月 1 日

促销活动：

（1）送电费：购空调，送电费。

（2）1+1+1＜3：同时购买空调、洗衣机、冰箱三大件的顾客可以享受特别优惠。

（3）送红包：品牌厂家负责人进行现场签售，送出折扣红包（抵值券）。

（4）小小洗衣机促销：购买"小小神童、小小天鹅"小容量洗衣机送洗衣粉。

（5）免费打的买家电：凡在活动期间购买大家电的顾客可以免费报销来回打的车票（总价值不高于 30 元）。

公关活动：设立 10 万元的家电消费基金，凡是出现下列情况，不仅可以免费退货或调换，还可以从基金中获得 100～1000 元不等的赔偿金。

（1）送货到家开箱后出现质量或外观问题。

（2）安装后在××天内出现质量问题。

（3）出现无法维修或维修不到位的情况。

宣传方式：随报纸发行投递宣传单，内容包括促销活动、公关活动。

问题讨论

1. 活动中采用了哪些促销方式？

2. 活动传递了哪些促销信息？促销信息是如何传递出去的？

3. 为何免费报销打的车票总价值不高于 30 元？

基本知识

一、营业推广的概念和特点

营业推广是一种适宜于短期推销的促销方法，是企业为鼓励购买、销售商品和劳务而采取的除广告、公关和人员推销之外的能刺激需求、扩大销售的所有企业营销活动的总称。

营业推广的特点主要表现在以下几个方面。

（1）**促销效果显著**。一般来说，只要能选择合理的营业推广方式，就会很快地收到明显的增销效果，而不像广告和公共关系那样需要一个较长的时期才能见效。因此，营业推广适合于在一定时期、一定任务的短期性的促销活动中使用。

（2）营业推广是一种辅助性促销方式。人员推销、广告和公关都是常规性的促销方式，而多数营业推广方式则是非正规性和非经常性的，只能是它们的补充方式。即使用营业推广方式开展促销活动，虽能在短期内取得明显的效果，但它一般不能单独使用，常常配合其他促销方式使用。营业推广方式的运用能使与其配合的促销方式更好地发挥作用。

问一问

营业推广促销方式适合频繁使用吗？

二、营业推广的方式

1. 面向消费者的营业推广方式

（1）赠送促销。向消费者赠送样品或试用品，赠送样品是介绍新产品最有效的方法，缺点是费用高。样品可以选择在商店或闹市区散发，或在其他产品中附送，也可以公开广告赠送，或入户派送。

（2）折价券。在购买某种商品时，持券可以免付一定金额的现金。折价券可以通过广告或直邮的方式发送。

（3）包装促销。以较优惠的价格提供组合包装和搭配包装的产品。

（4）抽奖促销。顾客购买一定的产品之后可获得抽奖券，凭券进行抽奖获得奖品或奖金，抽奖可以有各种形式。

（5）现场演示。企业派促销员在销售现场演示本企业的产品，向消费者介绍产品的特点、用途和使用方法等。

（6）联合推广。企业与零售商联合促销，将一些能显示企业优势和特征的产品在商场集中陈列，边展示边销售。

（7）参与促销。通过消费者参与各种促销活动，如技能竞赛、知识比赛等活动，能获取企业的奖励。

（8）会议促销。各类展销会、博览会、业务洽谈会期间的各种现场产品介绍、推广和销售活动。

2. 面向中间商的营业推广方式

（1）批发回扣。企业为争取批发商或零售商多购进自己的产品，在某一时期内给经销本企业产品的批发商或零售商加大回扣比例。

（2）推广津贴。企业为促使中间商购进企业产品并帮助企业推销产品，可以支付给中间商一定的推广津贴。

（3）销售竞赛。根据各个中间商销售本企业产品的成绩，分别给优胜者以不同的奖励，如现金奖、实物奖、免费旅游、度假奖等，以起到激励的作用。

（4）扶持零售商。生产商对零售商专柜的装潢予以资助，提供 POP 广告，以强化零售网络，促使销售额增加；可派遣厂方信息员或代培销售人员。生产商这样做目的是提高中间商推销本企业产品的积极性和能力。

3. 面向内部员工的营业推广方式

主要是针对企业内部的销售人员，鼓励他们热情推销产品或处理某些老产品，或促使他们积极开拓新市场。一般可采用的方法有销售竞赛、免费提供人员培训、技术指导等形式。

小故事

高露洁在日本岛上的促销

美国的高露洁牙膏在进入日本这样一个大的目标市场时，并没有采取贸然进入、全面出击的策略，而是先在离日本本土最近的琉球群岛上开展了一连串的广告促销活动。

他们在琉球群岛上赠送样品，使琉球的每一个家庭都有免费的牙膏。因为是免费赠送，所以琉球的居民不论喜欢与否，每天都使用高露洁牙膏。

这种免费赠送活动引起了当地媒体的关注，把它当做新闻发表，甚至连日本本土的媒体也大加报道。

于是，高露洁公司在区域促销策略上就达到了这样的目的：以琉球作为桥头堡，使得全日本的人都知道了高露洁，以点带面，效果十分明显。

三、营业推广方案的设计

营业推广方案一般包括以下几个方面的内容。

1. 营业推广规模

最佳营业推广规模要依据费用最低、效率最高的原则来确定。一般来说，一定的最小激励规模足以使销售促进活动开始引起足够的注意；当超过一定水准时，较大的激励规模以递减的形式增加销售反应。

2. 参与对象

企业在选择参与对象时，要尽量限制那些不可能成为长期顾客的人参加。如发放以购物凭证为依据的奖券就是鼓励已经购买这些商品的顾客，限制没有买过此商品的人参加。

3. 送达方式

最佳的送达方式是让推广对象来参与，以达到理想的效果。促销信息的传达方式有很多，如赠券的送达方式就有四种：附在包装内、邮寄、零售点发放和附在广告媒体上。企业应从费用与效果的关系角度反复权衡最佳的送达方式。

4. 活动期限

活动期限不宜过长或过短。期限过短，可能使一些潜在顾客错过机会而无法获得这项利益，达不到预期的效果；期限过长，又会引起开支过大和损失刺激购买的力量，并容易使企业产品在顾客心目中降低身价。所以，活动期限应综合考虑产品特点、消费者购买习惯、促销目标、竞争者策略等因素，按照实际需求来定。

5. 时机选择

营业推广时机的选择应根据消费需求时间的特点并结合企业市场营销总体战略来定。日程的安排应注意与生产、分销、促销的时机和日程协调一致。

6. 费用预算

营业推广活动是一项较大的支出，必须事先进行认真的筹划预算。可以采用自下而上的方式，按照全年营业推广的各项活动及相应的成本来预算全年的支出；也可以按照历年习惯来确定各项预算占总预算的比率来确定全年的费用支出。

任务四　电子产品公共关系营销

● 任务导入

案例 8-5：IBM 的"金环庆典"

美国 IBM 公司每年都要举行一次规模隆重的庆功会，对那些在一年中做出过突出贡献的销售人员进行表彰。这种表彰活动被称为"金环庆典"。这种活动常常是在风光旖旎的地方，如百慕大或马霍卡岛等地进行。在庆典中，IBM 公司的高层管理人员始终在场，并主持盛大、庄重的颁奖酒宴，然后放映由公司自己制作的表现那些做出了突出贡献的销售人员工作情况、家庭生活，乃至业务爱好的影片。在被邀请参加庆典的人员中，不仅有股东代表、工人代表、社会名流，还有那些做出了突出贡献的销售人员的家属和亲友。

在庆典活动中，公司主管会同那些常年忙碌，难得一见的销售人员聚集在一起，彼此毫无拘束地谈天说地。在这种交流中，无形地加深了彼此心灵的沟通，增强了销售人员对企业的"亲密感"和责任感。IBM 公司的"金环庆典"活动属于企业内部的公共关系活动，它对企业公共关系的发展有着极其重要的现实意义。

● 问题讨论

1. "金环庆典"对企业公共关系的发展有何重要的现实意义？
2. 还有哪些形式的活动也能达到同样的目的？

● 基本知识

一、公共关系的功能

公共关系是指企业在经营过程中正确处理企业与社会公众的关系，促进公众对组织的认识、理解及支持，以便树立企业的良好形象，实现组织与公众的共同利益与目标的管理活动。公共关系的功能具体表现在以下几个方面。

1. 树立企业信誉，建立良好的企业形象

公共关系的根本目的是通过深入细致、持之以恒的具体工作树立组织的良好形象和信誉，以取得公众理解、支持、信任。从而有利于企业推出新产品，有利于创造"消费信心"，有利于吸引、稳定人才，有利于寻找合作者，有利于协调和社区的关系，有利于政府和管理部门对企业产生信任感，最终促进组织目标的实现。

2. 收集信息，为企业决策提供科学保证

公共关系部门利用各种渠道和网络收集与企业发展有关的一切信息，为企业决策科学化提供强有力的保证。收集的信息包括企业战略环境信息、产品声誉信息及企业形象信息等。

3. 协调纠纷，化解企业信任危机

由于企业与公众存在着具体利益的差别，在公共关系中必然会充满各种矛盾。企业在生产经营运行过程中，也难免会有因自身的过失、错误而与消费者发生冲突的时候。一旦发生，必然导致消费者对企业的不满，使企业面对一个充满敌意和冷漠的舆论环境。如果对这种状况缺乏正确的认识，对问题处理不当，就产生公共关系纠纷，甚至导致严重的公共信任危机。对企业、对公众、对社会都会带来极大的危害。

> 想一想 ⏻　富士康跳楼事件会给企业带来哪些影响？

二、公共关系的构成要素

1. 社会组织

公共关系是一种组织活动，而不是个人行为，因此，组织是公共关系活动的主体，是公共关系的实施者、承担者。我们在理解公共关系时，特别要注意这一点，不要把一些个人的行为也说成是公共关系。如某公司总裁以个人名义向野生动物基金会捐款，这是个人行为，而不是公共关系；但当他以公司的名义捐这笔款时，我们便可把这种行为理解为一种旨在提高组织（公司）的知名度和美誉度、扩大组织影响的公共关系行为。

2. 公众

任何组织都有其特定公众，而公共关系便是组织主动地去与公众建立和维护良好关系的过程。但这并不意味着作为客体和对象的公众是完全被动的、随意受摆布的，公众随时都可以表达自己的意志和要求，主动地对公关主体的政策和行为做出积极反应，从而对公关主体形成舆论压力和外部动力。因此，组织在计划和实施自己的公关工作时，必须认清自己的公众对象，分析研究自己的公众对象，并根据公众对象的特点及变化趋势去制定和调整公关政策和行动。

3. 传播

公共关系中的传播是指组织传播媒介向公众进行信息或观点的传递和交流。这是一个观

念、知识或信息的共享过程,其目的是通过双向的交流和沟通,促进公共关系的主体和客体(组织和公众)之间的了解、共识、好感和合作;其手段主要有人际传播、组织传播和大众传播等形式。

传播和公众、组织一样,都只是公共关系这个大系统的一个要素,传播只是使组织和公众之间建立关系的一种手段,传播媒介则是实现这种手段的工具。只有这两者有机结合、共同作用,才能产生整体大于部分之和的协同效应,才能使组织的公共关系活动得以顺利开展,使组织得以在公众面前建立和维持良好的公共关系形象。三者的关系可用图 8-2 表示。

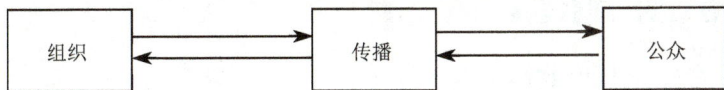

图 8-2 现代公共关系三要素关系图

三、公共关系的活动方式

按照公共关系的功能不同,公共关系的活动方式可分为以下 5 种。

(1)宣传性公关。宣传性公关是运用报纸、杂志、广播、电视等各种传播媒介,采用撰写新闻稿、演讲稿、报告等形式,向社会各界传播企业有关信息,以形成有利的社会舆论,创造良好气氛的活动。这种方式传播面广,推广企业形象效果较好。

(2)征询性公关。征询性公关主要是通过开办各种咨询业务、制定调查问卷、进行民意测验、设立热线电话、聘请兼职信息人员、举办信息交流会等各种形式,连续不断地努力,逐步形成效果良好的信息网络,再将获取的信息进行分析研究,为经营管理决策提供依据,为社会公众服务。

(3)交际性公关。交际性公关是通过语言、文字的沟通,为企业广结良缘,巩固传播效果。可采用宴会、座谈会、招待会、谈判、专访、慰问、电话、信函等形式。交际性公关具有直接、灵活、亲密、富有人情味等特点,能深化交往层次。

(4)服务性公关。这种方式就是通过各种实惠性服务,以行动去获取公众的了解、信任和好评,以实现既有利于促销又有利于树立和维护企业形象与声誉的活动。企业可以以各种方式为公众提供服务,如电子产品的使用指导、消费培训、免费修理等。事实上,只有把服务提到公关这一层面上来,才能真正做好服务工作,也才能真正把公关转化为企业全员行为。

(5)社会性公关。社会性公关是通过赞助文化、教育、体育、卫生等事业,支持社区福利事业,参与国家、社区重大社会活动等形式来塑造企业的社会形象,提高企业的社会知名度和美誉度的活动。这种公关方式,公益性强,影响力大,但成本较高。

案例 8-6:"绿色营销"——格兰仕绿色回收废旧家电

2006 年 7 月 5 日,格兰仕在北京推出"绿色回收废旧家电——光波升级 以旧换新"活动,消费者手中任何品牌的废旧家电,均可折现 30～100 元,用于购买格兰仕部分型号微波炉和小家电的优惠,同时格兰仕联合专业环保公司对回收的废旧小家电进行环保处理,为绿色奥运做出自己的贡献。活动推出后,北京市场连续 3 日单日销售突破 1000 台,高端光波炉的销售同比增长 69.6%。北京电视台、北京晚报、北京青年报、中国青年报、京华时报、北京娱乐信报、中国经营报等都对活动进行了追踪报道。随后活动向山东、福建、辽宁、云南、吉林、重庆等 10 多个城市蔓延。格兰仕"绿色回收废旧家电"的活动成为 2006 年淡季小家电市场一道靓丽的风景。

为何一个普通的企业小策划运作成为行业关注的大事件？ 说一说

四、公共关系活动的策划过程

1. 确定公共关系活动的目标

企业应根据自己产品的特点及不同时期的宣传重点来确定企业的公关活动的目标，应与企业的整体目标相一致，并尽可能具体。

2. 选择公共关系活动的宣传媒介

企业应针对不同的宣传目标来选择合适的宣传媒体。媒体的选择要切合实际，避免贪大求高。

3. 拟定公共关系活动方案

企业在组织公关活动时，必须制订周密的活动方案，以确保活动的顺利进行和活动目标的顺利达成。

4. 实施公共关系活动方案

由于公关活动的特点，在实施公关活动方案的过程中，一定要通过新闻媒体进行跟踪报道。由于新闻媒体工作的政策性很强，在与媒体界的有关人员沟通时，要取得他们对企业公关活动的理解和重视，才能确保公关活动获得预期的宣传效果。

5. 评价公共关系的效果

一般来说，企业可根据展露次数、知晓、理解、态度方面的变化及销售额和利润率的变化等来测定活动的效果。

综合训练

一、案例分析

（1）教师组织开展讨论活动，鼓励学生积极发言、创新思维。
（2）以小组为单位讨论问题。
（3）各组组长主持本组讨论并填写记录表。
（4）各组报告讨论结果。
（5）教师对讨论结果进行综合评价，对表现好的小组予以表扬。

案例8-7：戴尔"妖魔化"竞争对手，搬起石头砸自己的脚

2005年5月1日，联想正式完成对IBM全球PC业务的收购，从而以130亿美元的年销售额及1400万台的PC销量成为全球第三大电脑厂商。

5月29日《第一财经日报》获得的一组电子邮件显示，为了争取订单，戴尔公司的销售人员使用了很不光彩的手段。在这组邮件中，一位名叫Chris的戴尔公司的销售人员称，"要知道，联想公司是一家中国政府控制的企业，最近刚刚收购了IBM的个人计算机业务。尽管美国政府已经批准了联想的收购，大家必须明白一点，现在客户们每买IBM一美元的产品，都是直接支持和资助了中国政府。"

5月30号《第一财经日报》以《戴尔营销"妖魔化"了谁》为题，在第一时间将戴尔伸出幕后黑手之事捅出来，立即成为最热闹的IT消息，被称为戴尔"邮件门"事件。面对一个民族品牌遭到如此赤裸裸的攻击，中国的消费者对一个跨国公司使出如此卑劣的招法既感到震惊，又感到愤怒。

问题：

1. 企业的竞争对手是公众吗？你们认为企业在处理和竞争对手的关系时应注意什么？
2. 戴尔公司应该如何处理这次公共危机来缓和同中国消费者的关系？

二、主题讨论

主题：不同生命周期阶段产品的广告策略

各小组在组长的带领下展开讨论，分析表中所列产品当前的市场特点及应采取的市场策略。组长负责记录讨论结果（表8-2）。

表8-2　____小组讨论记录表

生命周期阶段	广 告 策 略
引入期	
成长期	
成熟期	
衰退期	

三、社会实践

任务：以小组为单位，制订一个促销活动策划方案。

过程：按下列各式完成××产品促销活动方案的设计。

成果：××产品促销活动方案。

××产品市场促销活动策划方案

☐ 促销主题：

☐ 促销地点：

☐ 促销目的：

☐ 促销时间：

☐ 促销形式：

电子产品网络营销

（一）认知目标

（1）了解网络营销与传统营销的异同点。

（2）熟悉网络营销的基本方法手段。

（3）掌握网络营销的基本策略。

（二）技能目标

（1）具备通过互联网开展电子产品市场调查和促销的能力。

（2）具备通过互联网开展电子市场调查和促销，策划和实施网络营销策略的初步能力。

（三）情感目标

（1）具备一定的沟通和协作能力。

（2）具备一定的信息处理、数字应用、分析和解决问题的能力。

（3）具备一定的创新能力。

任务一　了解电子产品网络营销手段

任务导入

案例 9-1：网购正在改变家电消费习惯

目前，无论是家电连锁销售企业还是网络购物巨头，乃至新兴的网络购物网站，无不在涉足家电网络销售。

网上购买家电，最显著的特点就是价格便宜、送货省心。正是这两点优势，让许多年轻的消费者改变了以往进实体店购物的习惯，而是坐在家中用鼠标完成购买。小家电在网购中最先火起来，如今在网上购买大家电的消费者也多起来。

世纪电器网发布的《2010 年上半年家电网购消费者调查研究报告》显示，31～35 岁年龄段的消费者网购家电能力开始凸显，消费人群比例从去年的 20.6% 提升至 35.55%。未来两年，随着"80 后"、"90 后"消费群体的快速成长，家电网购的销售额有望向 2000 亿元发起冲击。

另据中国互联网络信息中心发布的《第 26 次中国互联网络发展状况统计报告》显示，

目前，我国网民规模已达 4.2 亿人，这相当于每 3 个中国人中就有 1 个是潜在的网购目标消费者。

家电网购正快速进入人们的生活，也悄悄地改变着消费者的购买习惯。世纪电器网 CEO 王治全指出，网购消费群体趋于成熟化，将有利于促进家电网购市场的迅速发展。家电网购目前仍处于行业发展的初级阶段，相较线下零售卖场还存在一定的差距，在电子商务发展较好的环境下，要超越传统销售渠道，需要做的还有很多。

⬤ 问题讨论

1. 为什么家电网购已逐渐成为消费者新的购买习惯？
2. 家电网购对家电实体卖场有何影响？

⬤ 基本知识

一、网络营销的概念与特征

网络营销是以计算机网络为基本手段，以满足消费者需求为中心，通过网络沟通、网络交易、网络促销等形式开展的一系列市场营销活动的总称。网络营销作为适应电子商务时代网络虚拟市场的市场营销实践的总结和概括，是市场营销理论在新时期、新经济的发展和应用。以网络营销为中心的商业活动以成为互联网上最主要的内容之一。网络营销在改变企业的经营方式的同时，也在改变消费者的消费方式。

网络营销的特征主要表现在以下几个方面。

1. 交易双方不受时间限制

网络营销采用电子数据、电子传递等手段，使交易双方无论身在何处，均可与世界各地的商品生产者、销售者、消费者进行交流、交易，实现快速、准确的双向式数据和信息交流。

2. 经营规模不受空间限制

网络营销可以使经营者在"网络店铺"中无论摆放多少商品都不受限制，在网络营销系统中，无论经营者有多大的商品经营规模都可以得到满足，而且经营方式也很灵活，交易者可以既是零售商也是批发商。通过电子网络，交易者可以方便地在全世界范围内采购、销售形形色色的商品。

3. 支付手段高度电子化

为满足网络营销的发展需要，各银行金融机构、信用卡发放者、软件厂商纷纷推出了网上购物后的货款支付方法。

想一想 ⬤　网络营销就是网上销售吗？

二、网络营销与传统营销方式的比较

1. 网络营销与传统营销的相同点

（1）二者都是一种营销活动，营销活动的内容和程序基本相同。

（2）二者都需要实现企业的经营目标。

（3）二者都把满足消费者需求作为一切活动的出发点。

（4）二者对消费者需求的满足，不仅停留在现实需求上，还包括潜在的需求。

2. 网络营销与传统营销的不同点

（1）在产品上，网络营销的产品可以是任何产品或任何服务项目，而在传统营销领域却很难做到。

（2）在价格上，网络营销产品的价格可以调整到更有竞争力的水平上。

（3）在销售渠道上，网络营销具有"零距离"和"零时差"的优势，可以采用直接的销售模式，从而实现零库存、无分销商的高效运作。

（4）在促销上，网页方式具有更丰富的内涵和更多的实现方式。

三、电子产品网络营销的手段

1. 电子产品网上市场调查的方法

网上市场调查的方法可以分为网上问卷调查法、网上实验法和网上观察法。电子产品网上市场调查最常用的是网上问卷调查法。

网上问卷调查法是指调查者将问卷在网上发布，被调查对象在网上完成问卷调查的方法。比较常见的方式有以下几种。

（1）站点法

站点法是将调查问卷的 HTML 文件附加在一个或几个网络站点的网页上，由浏览这些网点的网上用户在此网页上回答问题的方法。

（2）电子邮件法

电子邮件法是个人或企业通过给被调查者发送电子邮件的方式将调查问卷发给一些特定的网上用户，由用户填写后再以电子邮件的形式反馈给调查者的方法。

（3）随机 IP 法

随机 IP 法是以产生一批随机 IP 地址作为抽样样本的调查方法。

（4）视讯会议法

视讯会议法是基于 Web 的计算机辅助访问。它是将分散在不同地域的被调查者通过互联网视讯会议功能虚拟地组织起来，在主持人的引导下讨论问题的调查方法。视讯会议法适合于企业对关键问题的定性调查研究。如早在 2002 年，海尔就建立起了网络会议室，在全国主要城市开通了 9999 客服电话的做法。在"非典"时真正体现出它巨大的商业价值和独有的战略魅力。海尔如鱼得水般地坐在了视频会议桌前调兵遣将。

2. 电子产品网上促销的形式

传统营销的促销形式主要有广告、公共关系、人员推广和营业推广四种。电子产品网络营销是在网上市场开展促销活动，相应的形式也有四种，分别是网络广告、站点推广、公共关系营销和销售促进。

（1）发布网络广告的基本方法

① 按钮型广告。按钮型广告是网络广告最早和常见的形式。通常是一个链接着企业的主页或站点的公司标志（logo），希望浏览者主动来点选。

② 旗帜型广告。网络媒体在自己网站的页面中分割出一定大小的像旗帜一样的画面发布广告。旗帜广告允许客户用极其简练的语言、图片介绍企业的产品或宣传企业形象。

③ 移动型广告。移动型广告是一种可以在屏幕上移动的小型图片广告。用户用鼠标单击该图片时，移动广告会自动扩大展示广告版面。

④ 主页型广告。主页型广告是将企业所要发布的信息内容分门别类地制作成主页，置放在网络服务商的站点或企业自己建立的网站上的广告。

⑤ 巨型广告。巨型广告可以解决旗帜广告因为版面小而难以吸引网站访问者注意力的问题。巨型广告的版面一般要占屏幕显示的 1/3 空间。版面扩大后，可以详细介绍企业信息。

⑥ 分类广告。分类广告是在一种专门提供广告信息服务的站点上发布广告，使得访问者能够根据产品或者企业的不同进行分类检索有关广告信息。

⑦ 电子杂志广告。电子杂志广告是企业利用免费订阅的电子杂志发布的广告。电子杂志的版面与一般的网页广告类似，广告形式可以是文字，也可以是图片，或二者兼有。

（2）电子产品生产经营企业网站推广的基本方法

电子产品与人们日常生活息息相关，拥有庞大的用户群，与电子产品相关的企业网站往往容易被关注。因此，电子产品生产经营企业应充分利用自己的网络站点树立企业形象，宣传产品，开展促销活动。

电子产品生产经营企业网站推广的基本方法有以下几种。

① 搜索引擎注册。据调查显示，网络使用者寻找新网站主要是通过搜索引擎来实现的，因此，在著名的搜索引擎进行注册非常有必要。

② 建立链接。互联网的最大特点就是通过链接，将所有的网页链接在一起。因此，与不同站点建立链接可以缩短网页间的距离，提高站点被访问的概率。

③ 发布网络广告。企业利用网络广告推销站点是一种比较有效的方式。比较节省费用的做法是加入广告交换组织。广告交换组织通过不同站点的加盟后，在不同站点交替显示广告，从而起到相互促进的作用。另外一种方式是企业在适当的站点上购买广告栏发布网络广告。

（3）公共关系营销的手段

公共关系营销是借助互联网的交互功能吸引用户与企业保持密切关系，培养顾客忠诚度，提高顾客的收益率。公共关系营销主要采用的手段有以下几种。

① 与网络新闻媒体合作。为加强与媒体合作，企业可通过互联网定期或不定期地将企业的信息和有新闻价值的资料通过互联网直接发给媒体，与媒体保持紧密合作关系。企业也可以通过媒体的网站直接了解媒体关注的热点和报道的重点，及时提供信息与媒体合作。

② 宣传和推广产品。宣传和推广产品是网络公共关系的重要职能之一。互联网最初就是被作为信息交流和沟通的渠道，因此互联网上建设有许多类似社区性质的新闻组和公告栏。企业在利用一些直接促销工具的同时，采用一些软性的工具，如讨论、介绍、展示等方

法来宣传推广产品，效果更好。

③ 建立沟通渠道。企业网络营销站点的一个重要功能就是为企业与企业相关者建立沟通渠道。通过网站的交互功能，企业可以与目标顾客直接进行沟通，了解顾客对产品的评价和顾客提出的还没有满足的需求，保持与顾客的紧密关系，维系顾客的忠诚度。同时，通过网站对企业自身以及产品和服务的介绍，也可提高企业在公众中的透明度。

（4）销售促进的形式

销售促进就是企业利用可以直接销售的网络营销站点，采用一些销售促进方法宣传和推广产品。

一般来说，网上销售促进主要有下面 6 种形式。

① 有奖促销。在进行有奖促销时，提供的奖品要能吸引促销目标市场的注意。同时，要利用互联网的交互功能，充分掌握参与促销活动群体的特征和消费习惯，以及对产品的评价，如图 9-1 所示。

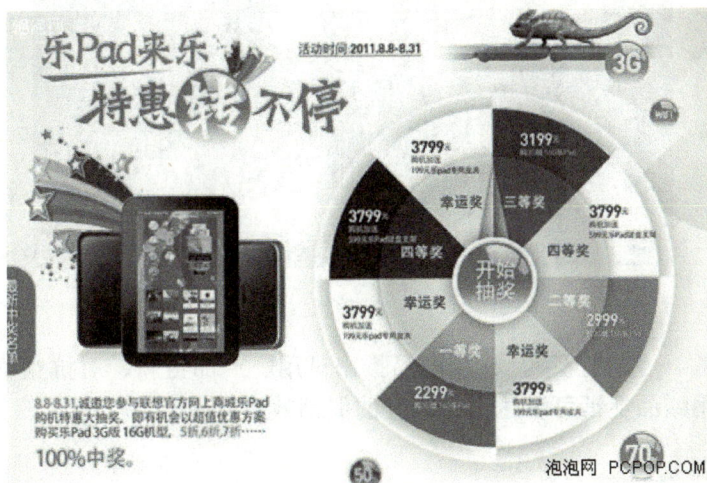

图 9-1　联想官方网上促销活动

② 拍卖促销。网上拍卖市场是新兴的市场，由于快捷方便，吸引了大量用户参与网上拍卖活动。我国的许多电子商务公司也纷纷提供拍卖服务。拍卖促销就是将产品不限制价格在网上拍卖，如惠普公司与网易合作，通过网上拍卖电脑，获得了很好的收效。

③ 积分促销。积分促销在网络上的应用比起传统方式要简单，容易操作。积分促销一般设置价值较高的奖品，消费者通过多次购买或多次参加某项活动来增加积分以获得奖品。积分促销可以增加上网者访问网站和参加某项活动的次数，可以增加上网者对网站的忠诚度，如图 9-2 所示。

④ 免费资源促销。免费资源促销的主要目的是推广网站，所谓免费资源促销，就是通过为访问者无偿提供访问者感兴趣的各类资源，吸引访问者访问，提高站点流量，并从中获取收益。

⑤ 折扣促销。打折是目前网上最常用的一种促销方式，由于在网上销售电子产品不能给人全面、直观的印象，也不能试用，再加上配送成本等因素，造成人们对网上购买电子产品，特别是贵重家电产品的积极性不高。而幅度较大的折扣可以促使消费者进行网上购物的尝试，如图 9-3 所示。

131

图 9-2　苏宁洗衣机元旦促销

图 9-3　折扣促销

⑥ 赠品促销。一般情况下，在新产品推出试用、产品更新、对抗竞争对手或开辟新市场的情况下，利用赠品促销可以达到比较好的促销效果。

任务二　熟悉电子产品网络营销策划

任务导入

案例 9-2：引发饥饿和病毒式的苹果 iPhone 营销

在中国，苹果公司从未做过任何广告宣传和公关攻势且没有正式进入的市场，通过个人携带和走私渠道获得的破解版 iPhone 在几个月内就达到了一个令人吃惊的数量——40 万部。每 10 部售出的苹果 iPhone 手机中就有 1 部以上在中国移动的网络中使用，占全球解锁版总量的近 40%。

苹果 iPhone 手机取得如此成功的销售业绩，无疑与其实施的营销策略有很大关系。可以说，在 iPhone 手机的身上，苹果把其在 iMac 电脑和 iPod 音乐播放器上修炼已久的"饥饿营销"和"病毒营销"推向了一个新的高度。

一、饥饿感的产生

严密的保密制度是为了控制饥饿的程度。苹果此次创纪录地将 iPhone 的所有细节保密了长达 30 个月。苹果让消费者和媒体对其信息极度渴望——从对于 iPhone 外观工业设计的臆测和猜想，到其商业模式的实施。直到苹果正式发布的那一刻，几乎所有这款手机的信息都是全新且从未透露过的。甚至许多苹果高级管理人员在发布会上也是第一次看到 iPhone。

二、引发饥饿和病毒的资格

事实上，目前看来苹果 iPhone 并不具备太多技术上的开创性，只因为苹果的产品具有独特的气质和消费美学，其独特的设计感、科技易用性，创造性地与时尚流行文化结合在一起。苹果很好地利用了其忠实"粉丝"对其新产品资料的强烈需求作为 iPhone 营销活动的带动者，iMac 和 iPod 已经为苹果积攒了足够的"粉丝"基础，从而带动潜在消费者的关注热情。

苹果在公布 iPhone 时并没有披露太多资料，任何与苹果和 iPhone 相关的信息都会引起用户的极大兴趣，通过互联网，这些信息不断受到追捧。在这种情况下，各大网站和媒体也会主动对 iPhone 的资料进行传播，因为它们也需要 iPhone 为其带动流量或吸引读者。于是，iPhone 的潜在市场需求越来越大，媒体的兴趣也越来越浓。

iPhone 6
The Sign of Design.
With You in mind.

问题讨论

1. 苹果公司是如何使消费者产生饥饿感的？
2. 为什么苹果在发布 iPhone 时并不披露太多资料？

基本知识

一、电子产品网络营销产品策略

在网络营销中，电子产品生产经营企业的产品更具有针对性，其产品特征、产品定位和产品开发都要体现互联网的特点。

1. 产品特征

在互联网上信息产品和有形产品的销售是不一样的。信息产品直接在网上销售，而且一般可试用，而电子产品属有形产品只能通过网络展示，不能直接试用。尽管多媒体技术可以充分生动地展示产品的特色，但顾客无法直接尝试。而且在实际交易时，企业还必须通过快递公司送货或传统商业渠道分销。因此，网络营销应尽量是顾客在购买决策前无须尝试的电子产品，才能在网上顺畅地销售。

2. 产品定位

在顾客定位上，网络营销的产品和服务目标与互联网用户一致。网络营销所销售产品和服务的顾客首先是互联网的使用者，其次才是顾客。企业产品和服务要尽量符合互联网使用者的特点。在产品特征定位上，因为互联网用户的收入水平和受教育程度一般比较高，喜欢创新，对高科技产品比较偏爱，所以在对网络营销的电子产品进行定位时，应尽量考虑高科技产品。

3. 产品开发

由于互联网的交往方式具有信息交互性，企业和顾客可以随时随地地进行信息交换，因此在电子产品开发中，企业可通过市场调查向顾客提供新产品的结构、性能等方面的资料，顾客及时将意见反馈给企业，从而大大地提高企业开发新产品的速度，也降低了新产品开发成本和失败的风险。通过互联网，企业还可以迅速建立和更改产品项目，并应用互联网对产品项目进行虚拟推广，评估产品项目的成效，从而高速度、低成本地实现对产品项目及营销方案的调研和改进，使企业的产品设计、生产、销售和服务等各个营销环节实现信息共享、相互交流，促进产品开发从各个方面满足顾客需要。

134

哪些电子产品适合开展网络营销？哪些不能？ 说一说

二、电子产品网络营销价格策略

网络营销中的电子产品定价要考虑以下 4 个因素。

1. 国际化

由于互联网营造的是全球市场环境，企业在指定产品价格时，要具有全球视野，考虑国际化因素，针对国际市场的需求状况和产品价格情况，来确定本企业的价格策略。

2. 趋低化

由于网络营销使产品开发和促销成本降低，使企业有了降低产品价格的空间。同时由于互联网的开放性和互动性，市场是开放和透明的，购买者可以对产品及价格进行充分地比较、选择，因此，网络营销要求企业要以尽可能低的价格向购买者提供产品和服务，否则就缺乏市场竞争力。

3. 充分弹性

由于互联网的互动性，顾客可以和企业就产品价格进行协商、谈判，即可以进行议价。另外，企业也可以根据每个顾客对产品和服务提出不同的意见，有针对性地来制定相应的价格。

4. 价格解释体系

企业通过互联网向顾客提供有关产品和服务定价的信息资料，如产品的生产成本、销售成本等，建立产品和服务价格的解释体系，为产品定价提供充分而合理的理由，并答复购买者的询问，使购买者认同并接受企业的定价。

三、电子产品网络营销促销策略

1. 拉销

网络营销中的拉销就是企业吸引潜在消费者访问自己的 Web 站点，浏览其产品网页，做出购买决策，进而实施产品购买。在网络拉销中，企业最重要的是要推广自己的 Web 站点，吸引大量的访问者。只有这样，企业才有可能把潜在的顾客变为现实的顾客。因此，企业的 Web 站点除了要提供消费者所需的优质产品和服务，还要做到形式生动、形象和个性化，体现企业文化和品牌特色。

2. 推销

网络营销中的推销就是企业主动向顾客提供产品和服务信息，让顾客了解、认识企业的产品，并促使其实施购买。网络营销有别于传统营销中的推销。它有两种方法：一种是企业利用互联网服务商或广告商提供的经过选择的互联网用户名单，向用户发送电子邮件，在邮件中介绍产品信息；另一种方法是企业应用推送技术，直接将企业的网页推送到互联网用户的终端上，让互联网用户了解企业的 Web 站点或产品和服务信息。

案例 9-3：佳能——记录身边每一份感动

由于各品牌的数码相机竞争越来越激烈，尤其是受经济危机的影响，数码市场一直处于比较萧条的状况，市场上不仅是老型号产品在降价，就是刚刚上市的新品也不停疯狂降价，各品牌的价格战打得如火如荼，佳能公司希望通过互联网推广，增强品牌的美誉度，在竞争中占据优势，全面提升销量。

通过推广活动充分发挥了技术优势，高质量地完成了广告投放目标。除此之外，还为客户采集了大量受众数据资料。并通过对目标受众数据库的分析为客户完成了 Retargeting 数据筹备工作。统计数据显示，此次活动推广中广告的受众点击率达到 2%～3%之间，取得了良好的传播效果。

3. 链销

网络营销中，互动的信息交流强化了企业与顾客的关系。让顾客满意度提高是企业开展网络链销的前提。企业使顾客充分满意，满意的顾客成为免费的宣传者，会以自己的购买经历为企业做宣传，向其他顾客推荐。从而形成口碑和品牌效益，最终形成顾客链。

四、电子网络营销渠道策略

1. 会员网络

网络营销中一个最重要的渠道就是会员网络。会员网络是在企业建立的虚拟社区基础上形成的网络团体。企业通过会员制，促进顾客相互间的联系和交流，以及顾客与企业的联系和交流，培养和巩固顾客对企业的忠诚度，并把顾客融入企业的整体营销过程中，使会员网

135

络的每一个成员都能互惠互利、共同发展、实现购销双赢。

2. 分销网络

企业提供的产品和服务不同，分销渠道也可能会不一样，如果企业提供的是信息产品，企业就可以直接在网上进行销售，需要较少的分销商，甚至不需要分销商。如果企业提供的是有形产品，企业就需要分销商，并且需要传统销售渠道实现产品从生产者向购买者的转移。另外，企业要想达到较大规模的营销，就要有较大规模的分销渠道，建立大范围的分销网络。

案例 9-4：天骏电器网络销售从 60 万元涨至 1500 万元

"我们公司从 2009 年 8 月开始通过代理商进行网店销售，一年销售额不到 60 万元。"成为电子商务成功案例的中山市天骏电器有限公司销售总监黄碧怡透露，去年 10 月份与中山训迪电子商务有限公司合作后，他们让该公司负责天骏的网上旗舰店。"开始营销的第一个月就实现 47 万元的销售额。从去年的 10 月份到今年 3 月份，销售额应该达到 1500 多万元了。"天骏电器有限公司成立于 2001 年，在小榄率先开始组织暖风式干衣机产品的生产。随着企业规模的迅速发展壮大，现已成为国际上暖风式干衣机行业的龙头企业。该公司一开始走分销和代理的模式，后来通过代理商在淘宝网开始电子商务后，虽有效果，但不明显。"与训迪电子商务合作后，品牌宣传的力度大了，销售额马上飙升。"黄碧怡说。

3. 快递网络

对于提供有形产品的电子产品生产经营企业来说，把产品及时送到顾客手中，就需要通过快递公司的送货网络来实现。规模大、效率高的快递公司建立的全国甚至全球范围的快递网络，是企业开展网络营销的重要条件。

4. 物流网络

为了实现及时供货以及降低生产、运输等成本，企业要在一些目标市场区域建立生产中心或配送中心，形成企业的生产网络，并同供应商的供货网络及快递公司的送货网络相结合。企业在进行网络营销中，根据顾客的订货情况，通过互联网和企业内部网对生产网络、供货网络和送货网络进行最优组合调度，可以把低成本、高速度的网络营销方式发挥到极限。在网络营销中，企业除了建立自己的产品运输和配送等物流部门外，更重要的是大量借助物流企业，加强与"第三方"物流企业的合作。

小游戏

耳语传真

游戏过程：

（1）各组将人员分成一列，分别对列头兵耳语一句话，不让其他人听见；

（2）照此要求往下传，有列尾者报出结果，看哪个组保真度更高，以此决定胜负。

综合训练

一、案例分析

（1）教师组织开展讨论活动，鼓励学生积极发言、创新思维。

（2）以小组为单位讨论问题。

（3）各组组长主持本组讨论并填写记录表。

（4）各组报告讨论结果。

（5）教师对讨论结果进行综合评价，对表现好的小组予以表扬。

案例9-5：莱亚照明用电子商务进入国际市场

中山市莱亚照明电器有限公司主要生产和销售高品质的电子节能灯、T4/T5光管支架、吸顶灯、电子整流器、电子变压器五大系列产品。注册成为环球市场的会员之后，在 GMC 的帮助下，成功开拓电子商务，与来自约旦的 National Electrical Industry 进行对接，制造商与买家除了电子邮件往来外，在短时间内还实现从线上合作转到线下合作，首次下单采购了一个 20 尺柜节能灯，从而打开国际市场。"由于产品质量好，外贸人员专业负责，让买家很快对厂家产生了很高的信任度，促使交易成功。"环球市场集团营销总监魏涛表示，现在成千上万的企业上线，产品也五花八门，但是，环球市场在对制造商和买家的匹配过程中做到精准匹配，针对买家的具体采购需求，与厂家确认，然后围绕确定的产品洽谈，效率也就提高了。

问题：

1. 莱亚照明是通过什么渠道进入国际市场的？

2. 莱亚照明是如何让买家对其产生信任的？

二、情景模拟

网购一件商品。

每位同学登录某个购物网站，模拟完成一次购物行动。

三、社会实践

任务：开设营销博客。

过程：

1. 开设个人博客

登录新浪博客（www.blog.sina.com.cn)并进行注册。

2. 加入流量统计工具

（1）登录网站流量统计网（http//www.51.la）。

（2）进入免费注册页面，完成注册信息。

（3）发布第一篇博客，并用多种方式进行推广。

（4）定期发布博客，比较不同博客推广方式产生的效果。

成果：拥有个人博客。

电子产品整机销售实务

教学目标

（一）认知目标

（1）了解商品销售的类型。

（2）熟悉电子产品整机零售业务程序。

（3）熟悉电子产品整机售后服务的基本内容。

（二）技能目标

（1）懂得电子产品整机消费心理和销售技巧。

（2）具备电子产品整机销售基本工作能力。

（三）情感目标

（1）具备一定的沟通和协作能力。

（2）具备一定的信息处理、数字应用、分析和解决问题的能力。

（3）具备一定的创新能力。

任务一　熟悉电子产品整机销售业务

任务导入

案例 10-1：一次成功的销售

一个 40 岁左右的中年人带着母亲来买冰箱，这时儿子接了一个电话，老人独自观看，并在一款冰箱前驻足仔细查看。于是销售人员走上去。

销售人员：大妈，您喜欢这款冰箱是吗？

老人：是的，可就是太贵了。

销售人员：大妈，您和我妈一样，一辈子全为儿女操劳了，自己用的东西总是舍不得买贵的。看您儿子这么孝顺，买冰箱还把您带上，不就是来选让您用着舒服的冰箱吗？看起来您儿子也不缺这几个钱。

老人儿子打完电话走了过来。

销售人员：这位先生，您母亲非常喜欢这一款，您看……

中年人看了看价格说：贵了点。

老人似乎不悦，场面有点尴尬。

销售人员：先生，我们到那边坐一下怎么样？

休闲区落座后，销售人员马上给老人递上茶水。

销售人员：先生，我建议您买这款冰箱。老人看上一件东西不容易，她既然喜欢，放在家里看着就舒服，心情好对老人身体健康特别重要。您说是不是？

中年人看了看母亲，没有表示反对。

销售人员拿来订购单。

销售人员：先生，您贵姓？

中年人：我姓李。

销售人员：留下您的手机号吧？

中年人：×××××××××××××

销售人员：您看我什么时候可以送货？

问题讨论

1. 整个销售过程经历了哪些环节？
2. 销售人员成功的原因是什么？

基本知识

一、商品销售的概念及其分类

商品销售是指商品所有者通过货币关系向货币所有者让渡商品的经济活动。亦即从企业已有的产品出发，以推销产品为目的的一种市场营销活动。从商品由生产领域向消费领域转移的全过程来看，市场上的商品销售活动可按商品的出售者分为以下三类。

1. 生产销售

存在两种情况，一种情况是生产者将商品直接卖给消费者或生产用户，供消费者的日常需要或生产者作为再生产用；另一种情况是生产者将商品卖给中间商供作转卖。而后者即商业企业的采购。

2. 批发销售

也存在两种情况，一种是将商品（主要是消费品）批量供应给其他批发商或零售企业，供作进一步转售；另一种情况是将商品（主要是生产资料）批量供应给生产加工企业，作为生产消费。

3. 零售销售

这是直接面向广大消费者和社会集团的商品销售活动。将商品出售给城乡居民以满足人们的日常生活需要；出售给社会集团，供作非生产性的公用消费。

二、电子产品整机零售业务程序

1. 售货前的准备工作

（1）商品的准备。为了满足消费者的购买要求，保证日常销售的需要，营业前准备商品时应做到库有柜有，数量充足，花色、品种、规格齐全。同时，销售过程中要随时检查和整理，补齐备足商品，保证当天的供应。在商品准备时，柜台上、货架上商品要摆放丰满，布局均衡，一目了然，便于顾客观看和选购，起到指导消费的作用。

在商品准备时间上，一般要求在晚上营业结束后或是早上开门营业之前完成商品的准备工作。对于一些需要拆包、分件或分装、挑选、装配的商品，也应提前做好准备工作，以提高售货速度，同时节省顾客的等待时间。在备货量上，一般以足够销售一天的商品量为宜。

（2）售货用具的准备。售货用具一般包括计算器、圆珠笔、发票、剪刀、螺丝刀、钳子、试电笔、万用表以及用于包装的袋、盒、绳等。要注意数量充足，妥善保管。

（3）售货场所的准备。售货场所的准备工作主要是保持店铺的环境卫生。销售人员在营业前要清扫、整理所在柜组内外的环境卫生，保持充足的光源，检查各种设备是否完好，以保证营业场所的清洁和温度。

2. 售货环节

（1）迎接顾客。首先，售货员要保持服装的整洁，精神饱满，化妆淡雅，仪态大方，以正确的姿势站立，不干私活，不聊天，随时准备接待顾客。顾客进店后，要面带微笑，主动热情地用规范的普通话招呼："您好!"、"欢迎光临"。

（2）初步沟通。迎接顾客后，应随即与顾客进行初步沟通，也就是通常所说的"寒暄"。初步沟通要完成对顾客的"摸底"，目的是更好地了解客户的情况，如年龄、职业、喜好、家庭、所在区域、购买动机、购买能力等内容，从而在后续的销售过程中有的放矢。

（3）产品解说。售货员将顾客带到相应的产品陈列区，通过前期沟通对顾客的了解，向顾客重点推荐符合顾客需要的产品。售货员应充分利用卖场样品、样机耐心地向顾客进行介绍，包括品牌、产品性能、使用方法、质量、价格、售后服务等。推荐过程中要时刻注意客户的神情、语言、动作，有重点、有条理、充满感染力地描述产品符合客户需要的地方，特别是能带给顾客的益处表达出来。并让顾客感到你是专业的销售人员，从而信服于你。

（4）顾客体验。当顾客对产品表现出一定的兴趣后，售货员应及时邀请顾客体验产品。因为体验能使他们产生真实感，在大脑记忆中留下深刻印象，并通过体验印证售货员的介绍，加深顾客对产品的认识，增加购买的可能性。

（5）入座洽谈。顾客在对产品的情况有了比较直观的了解后，售货员应及时邀请他们坐下来休息，进行进一步的洽谈。适时地请顾客喝水，与其聊天，选择一到两款产品重点推荐，以帮助顾客做出取舍。小件产品的购买洽谈可以与产品解说和顾客体验同步进行。

（6）处理异议。针对顾客在购买过程中提出的异议，售货员应给予积极的回应。并通过异议分析对方的心理，不买的原因，从而有针对性地解答。对顾客异议的满意答复有助于交易的成功。

（7）促成交易。当察觉到顾客有意购买，可直接将话题转入促成交易阶段。整个商谈过程就是不断促成的试探，当所有异议都一一化解之后，售货员需要适时提出成交建议以完成洽谈。

（8）填单收款。顾客确认购买某产品后，售货员应帮顾客下单。根据商场规定迅速、清晰地填写好销售单据，帮助顾客确定好送货的地点和时间，请顾客留下联系方式，带领顾客到收银台付款，引导顾客开具发票，告知顾客保修的相关规定和维修网点。

（9）送别顾客。顾客离开时，售货员要有礼貌地送别。主动招呼，"欢迎再来"、"您走好"等；并笑脸相送或目送顾客离柜。即使没有达成交易，也应该热诚相送，以表示对顾客的尊重，保持良好的企业形象。

3. 结账、盘点工作

商品的结账盘点工作是商业企业经营活动的重要环节。它对加强商品管理，监督商品、货款的安全具有十分重要的意义。售货员要掌握结账盘点的方法和对商品销货款的溢余、短缺的处理。

关于结算工作，实行货款合一收款方式的柜台，要清点当日的销货款，复核准确后，填写"缴款单"送交会计部门；实行货款分管的商店，售货员将缴款凭证汇总计算后和收银员对账，而后，售货员根据"缴款单"销减商品账总金额；实行日清月结的柜台，要当日清点商品余存数，与销货卡片上的数目核对，然后销减商品账中数字。

盘点工作是对商品实存数量及其金额的清点。商品的盘点工作有日销日盘、一周盘点、一旬盘点、月终盘点、临时盘点五种，不管采用哪一种盘点，都要统一参加月终盘点。盘点方式有关门盘点和营业中盘点两种。盘点时，要逐项清查，认真点数，防止重盘和漏盘。要核对价格，看货造表，把商品品名、单价、数量等逐项填入"商品盘点表"，将每件商品的售价金额加以汇总，与会计账目核对。如发现有货款不符现象，说明发生了商品和销货款的溢余或短缺问题，要进一步妥善处理。

发生商品损溢和销货款的长短款问题的原因主要有四种：第一，进货过程中出现差错，如原包装细数短缺；第二，销售过程中出现差错；第三，商品盘点过程中出现差错，如漏盘、重盘等；第四，其他人为造成的差错，如贪污盗窃等。如果出现盘点问题，不论数额大小，都要由发现问题的柜组分析原因，提出改进意见，以防止类似差错发生。若属业务生疏造成的差错，应吸取教训，改进工作；若属责任事故或监守自盗的，应根据企业有关规定做出处理，对已触犯法律的，应追究法律责任。

如何做好电子电器产品销售员工作？

说一说

三、电子产品整机批发业务程序

1. 本地商品销售的业务程序

企业批发商品销售业务程序与商品交接货方式和结算方式有很大的关系。一般来说，本地商品销售采用提货制或送货制，货款结算大多采用支票、委托收款结算方式。

采用提货制交接方式，一般由购货单位派采购员到供货单位去选购商品，由供货单位的业务部门填制统一规定的"专用发票"，如联次不够，可增开补充联或另开发货单作附件。除留下存根联备查外，其余各联交购货单位采购员办理结算货款和提货手续。供货单位财会部门在收到货款后，在"发票联"上加盖收款戳记，留下"记账联"，其余联次退还给购货单位采购员到指定的仓库提货。

若企业在本地出售商品采用送货制方式，一般有两种做法：一种是购货方先付货款，然后由供方将商品送到购货方；另一种是根据供货合同，供方先将商品送至购货方，经购货单位验收后，支付货款。采用第一种做法，其业务程序与提货制商品销售的业务程序基本相同，其中送货运费根据合同或由供货方负担，或由供货方定期向购货方结算。采用第二种做法，一般要有一个送货验收的过程，其业务程序是：由供货单位业务部门根据购销合同或订货单，填制"专用发票"，留下存根联备查，其余各联交储运部门向仓库提货送往购货单位，将发票联、税款抵扣联交购货单位凭以验收商品、结算货款。当购货方验收商品后，由送货人员将对方验收凭证带回，连同记账联转财会部门。货款由财会部门办理托收，或由购货方通过银行转来。

2. 异地商品销售的业务程序

异地销售一般采用发货制，货款结算大多采用托收承付、委托收款结算方式。采用发货制交接方式，一般由供货单位的业务部门填制"专用发票"，留下存根联备查，其余各联交储运部门向仓库提货，并办理商品发运手续。商品发运时，储运部门将发票联、税款抵扣联和记账联连同商品发运证明、垫付运杂费清单，一并送交财会部门。财会部门审核无误后留下记账联，其余凭证据以向开户银行办理托收货款手续。财会部门根据托收凭证回单联和记账联进行账务处理。

四、电子产品整机售后服务

电子产品整机售后服务主要是指产品售出后的送货、安装、调试及维修服务等。它是企业销售活动不可缺少的极其重要的组成部分，对于扩大企业销售，提高企业的竞争能力，满足消费需要都具有十分重要的意义。

电子产品整机售后服务的内容如下。

1. 送货服务

送货服务又称为送货上门。它一般是指由售货方为购买笨重或体积庞大商品的顾客提供方便，负责将其运送到家。对购买重量较大、体积庞大的商品和路途较远的商品，或是一次购物数量较大的顾客，一些有特殊困难的顾客（如老、弱、病、残），公司或直销商必须提供送货上门服务项目。在送货途中一定要注意顾客的准确地址，货物要小心保存，要轻搬轻放，防止散包和损坏。

根据服务礼仪规范，送货服务需要注意以下五个方面的问题。

（1）遵守承诺。提供送货服务，通常在售货服务进行之中，即明文公告，或由营业员口头告诉顾客。不论是明文公告还是口头相告，均应将有关的具体规定，诸如送货区域、送货时间等一并告之于顾客，并且必须言而有信，认真兑现自己的承诺。

（2）**专人负责**。为顾客提供送货服务，大体上都应当由指定的专人进行负责。在规模较大的销售单位里，还往往需要组织专门的送货人员与送货车辆。即使雇请外部人员负责，也要与之签订合同，以分清彼此之间的责任，并要求对方全心全意地做好此事。

（3）**免收费用**。在正常情况下，企业为顾客所提供的送货服务，是不应再额外加收任何费用的。除非顾客对于送货提出某些特定的要求，诸如，进行特殊包装、连夜送货上门并且已与顾客达成付费协议。但费用一经议定，不得任意进行升降。

（4）**按时送达**。送货上门，讲究的是尽快尽早。因此，服务单位应当尽一切可能，使自己的送货服务当时进行，或者当天进行。一时难以做到的话，也要争取越快越好。对于自己承诺的送货时间，则一定要严格遵守。若无特殊困难，必须在规定的时间之内准时为顾客送货到家。

（5）**确保安全**。在送货上门的过程中，有关人员应当采取一切必要的措施，确保自己运送货物的安全。假如在送货期间货物出现问题，按惯例应由销售单位负责理赔。根据惯例，送货到家之后，应请顾客对其开箱进行验收检查，然后正式签收。

2. "三包"服务

"三包"服务即包修、包换、包退。实行"三包"是现代电子产品生产经营企业服务项目中最基本的服务承诺，也是争取顾客，取得更大销售成绩的有效方法之一。

3. 安装服务

安装服务的主要含义，是由销售单位负责为顾客上门装配、调试对方所购买的大件商品或成套商品。对于不少消费者来讲，销售商能否负责上门装配，往往是他们购买商品时重要考虑的因素。因为有许多大件商品或成套商品，不懂专业技术的人是难以正确装配、调试的。如顾客购买空调、热水器、抽油烟机等商品，除要求免费送货外，还要求上门免费安装的售后服务。因此，为顾客提供上门装配、调试服务，不仅能满足顾客的要求，而且也为企业树立了良好形象。

4. 包装服务

对于消费者购买的有些商品，商家应予以包装，方便顾客携带，保护商品不受损坏。在包装商品时，商家可使用印有本企业、公司名称、生产厂家、地址、电话号码、服务内容的专用包裹或包装袋、包装纸，既起到了保护商品的作用，又宣传了公司形象，是一种很有效的广告宣传方法。

5. 建立用户档案

消费者在购买商品的使用过程中经常会遇到这样或那样的问题，企业应建立消费者档案，掌握消费者的使用情况，为消费者提供指导及商品咨询服务，既为消费者提供良好的售后服务，解除他们的后顾之忧，又为商家产品的更新换代提供各项资料，加速产品的更新换代，更好地满足顾客多方面的需求。

案例 10-2：海尔集团的真诚服务

海尔集团是我国家电行业的龙头老大，海尔不仅因其产品质量高而畅销世界，而且还因其所提倡的"海尔国际星级服务"享誉全球。

"满足用户的潜在需求"是"海尔国际星级服务"的宗旨所在。在这一宗旨的指导下，海尔集团于 1990 年投资 800 万元建立海尔售后服务中心。售后服务中心制定了一套详尽、严格的服务原则，包括：① 售前、售后提供详尽的咨询；② 任何时候都为顾客送货到家；③ 根据用户指定的时间、空间给予最方便的安装；④ 上门调试，示范性指导使用；⑤ 售后跟踪，终身上门服务；⑥ 出现问题 24 小时之内答复，使用户绝无后顾之忧。

为了遵循这些原则，海尔人付出了很多。1995 年 3 月，青岛一位老人买了一台海尔空调，搭乘出租车回家。当老人回家找人搬运时，出租车司机却将空调拉跑了。海尔空调总公司闻讯后，决定免费赠送老人一台空调，并派人上门安装。老人空调被盗事件本来与生产厂家无关，但海尔人却认为是自己的销售环节还不够完善。为此，海尔总公司在海尔星级服务中增添了"无搬动"的内容。用户在购买海尔空调以后，一切事情均由销售人员代办，消费者所需的只是等待开机试用空调，使消费者真正变成"上帝"。

任务二　熟悉电子产品整机销售服务技巧

任务导入

活动：体验售货过程

活动形式：情景模拟

活动过程：

（1）教师向学生们说明本次活动的目的、内容及注意事项。

（2）每位学生事先准备一件商品，并尽可能多地收集材料，了解有关的产品信息。

（3）同学之间相互展示、介绍自己的商品，并设法说服对方购买。

（4）各小组长负责记录本组成员商品售出情况。

（5）分组讨论各小组成员商品售出与未售出的原因。

活动成果：小组研讨记录表（表 10-1）。组长负责将活动成果整理成电子稿发往老师电子邮箱。

表 10-1 ＿＿＿＿小组研讨记录表

小 组 成 员	出 售 商 品	售 出 与 否	原　　因
1			
2			
3			
4			
...			

○ 基本知识

一、迎客技巧

1. 对讲究效率的顾客

对比较讲究效率的顾客，销售人员不宜慢慢介绍、详细讲解，应尽可能地快速处理，使其觉得你做事很有效率。

2. 对不说话的顾客

对不想多说话的顾客，应从顾客的动作、表情中判断其对哪种商品有兴趣，尽可能以具体方式来诱导，以简单的方式来回答。

3. 对爱说话的顾客

对爱说话的顾客，不要中途打断他的话题，否则他会感觉不尽兴。应寻找适当的时机，将话题转到商品上。

4. 对犹豫不决的顾客

对犹豫不决的顾客，在他的目光转来转去，很难决定的时候，销售人员应适时给予决定性的建议，帮助其下决心购买。

5. 对摆架子的顾客

对比较喜欢摆架子的顾客，销售人员应以较为恭敬的态度，在不伤大雅的情况下，说两句奉承的话也是可以的。

6. 对疑心重的顾客

对容易起疑心的顾客，销售人员必须针对顾客的疑问加以明确的说明，决不可说模棱两可的话。

7. 对博学多闻的顾客

对博学多闻的顾客，销售人员必须找话题与其相呼应，体现自己的专业素养，然后再将商品详细有序地加以说明。

🎮 **小游戏**

不要激怒我

游戏过程：

（1）各小组选出两名学生分别扮演"最会说话"和"最好脾气"的角色；

（2）由"最会说话"学生说出"最好脾气"学生的优、缺点，将对方激怒者游戏失败，否则获胜；

（3）角色轮换。

二、电子产品整机介绍的技巧

1. 专注于主题

主题要明确。不要每种产品都说好，令顾客不知如何选择。在与顾客的交谈过程中不要脱离主题，要始终围绕产品来谈，而不能天南海北、漫无目的地聊天。

2. 要考虑客户的需要

只有掌握了顾客的想法，才能接近顾客，使顾客觉得销售人员是在为他考虑，而不仅仅是为了赚取，才会赢得顾客的信任，促成交易。

3. 说话要有亲和力和幽默感

轻松愉快的气氛有助于销售人员和顾客的沟通，而沉闷的解说只会让顾客觉得无聊。

4. 做好演示

准备好演示所需工具。演示产品的摆设要整齐美观，不要乱作一团。演示过程要保证顺畅，绝不能出现演示失败。

销售人员：先生您好，您想选购液晶彩电吧，让我给您介绍一下如何？请问您比较关注哪些方面？

顾客：好，我要图像清晰，音质效果好的。

销售人员：那您不妨看看 LX710A 系列液晶彩电，有 60、52、46、40 英寸四款机型，它采用全高清 1920×1080 分辨率 X 超晶面板，拥有直下式白光 LED 背光源，支持智控倍速 100/120Hz＋极光倍速 100/120Hz 驱动技术。音响方面，除 40 英寸液晶彩电以外，其余三个尺寸的均拥有杜霸低振动重低音系统。

顾客：我本想买 40 或 46 英寸的，听你这么说，46 英寸大屏幕的音响效果好些，可是也比较耗电吧？

销售人员：LX710A 系列拥有 4 组 HDMI 高清影音接口，通过对面板、背光源等技术的改良，使得其在节能环保方面有着较好的表现，其中 46LX710A 的功耗额定仅为 130W，相比 46 英寸的普通彩电功耗消减了 50% 以上。

顾客：嗯，这样就好了。这款彩电的外观我也比较喜欢。

销售人员：先生，您真识货，您挑的这款产品外观由喜多俊之先生设计，主色调采用黑色高亮与亮金色的配合，在同类产品中最受欢迎，您的眼光很棒！

顾客：还好啦，我刚刚看你的介绍也很专业。

销售人员：是吗？谢谢您的夸奖，我是刚入门而已，还要请您多指教。

顾客：呵呵，你还挺谦虚啊。

销售人员：既然您对这款产品各方面都觉得相当满意，那我帮您开购机单如何？

顾客：好吧，那就买这一款吧。

三、顾客体验的技巧

1. 让不想试机的顾客试机

（1）找出顾客不想试机的具体原因，采用合适的语言邀请其试机。

（2）让顾客了解试机的必要性。

（3）建议顾客试机时不要轻易放弃。

2. 让挑三拣四的顾客试重点机

（1）保持耐心，引导顾客将目标锁定在1~2款产品上。

（2）注意观察顾客的目光，有没有一直盯着某款。

（3）引导顾客提问，了解顾客心态、疑问，再有的放矢地解决。

顾客：哎呀，我自己都挑花眼了。

销售人员：先生，如果您不介意的话，请告诉我您的具体要求，以我多年的销售经验帮您推荐一款！

3. 让犹豫不决的顾客做出选择

（1）在体验中突出重点，试出区别。

（2）针对顾客的选择提出确定、单一的建议。

（3）对自己的建议要有信心，提出足够的理由打动顾客。

顾客：A、B两款吸尘器都不错，到底买哪一款呢？

销售人员：我们把手柄都拉出来，您试着吸一下，A比较舒服是吧，看来A的手柄更适合您。而且A是免洗型的，垃圾袋装满了您直接扔掉，换个新的上去就行了。多省事啊！

四、处理异议的技巧

1. 认同

不论顾客说了什么话，我们都要站在顾客的角度，认为他是对的。常用的认同说明语有"那很好"、"您说得很有道理"、"您这个问题提得很好"等。

2. 忽视异议，延后处理

有时顾客为找借口而提出异议，并不真的想要获得解决或解释。应对这种情况只要面带微笑，以"您真幽默"、"嗯！真是高见"表示认同即可。顾客在以后的时间不再提起，销售人员也不用旧事重提。

3. 举例证实说明

当出现顾客怀疑你说明的真实性时，可利用第三方的例子进行说明，更加具有说服力。"第三方"并不仅仅指老顾客或产品使用者，还包括权威的行业分析报告、数据统计等。

4. 补偿说明

当顾客提出具有事实依据的异议时，应该承认并欣然接受，而不应该强力否认事实。但要给顾客一定的补偿，让他取得心理上的平衡。

顾客：这台微波炉的使用很方便，功能也齐全，可惜内胆不是用不锈钢制作的。

销售员：您真细心。这个内胆确实不是不锈钢的，若选用不锈钢，价格恐怕要高出现在的五成以上，而且此款使用不黏涂层在清洗上比不锈钢更容易。

5. 借力使力说明

当顾客提出某些不购买的异议时，可立刻回复说："这正是我认为您要购买的理由！"

顾客：你们把太多的钱花在做广告上，为什么不把钱省下来，让价格更低些呢。

销售员：就是因为我们做了广告，您才会被吸引来购买我们的产品，在广告中我们对产品的特性进行了详尽的描述，这不但节省您选择对比的时间，也方便广大消费者对我们的产品进行监督，您也能更放心地购买我们的产品了。

6. 价值成本说明

价值成本说明也称为价值成本分析，当你的销售确实能够为顾客改善工作效率、增加收入或者是降低成本时，就可以选择此法。

顾客：你们卖得太贵了，这种风扇的生产成本最多也就 20 多元，现在居然卖到 100 多元。

销售员：我们采购原材料就不止花了 20 元，而且现在的人工很贵，物流费用也不少，加上卖场收取的进场费和促销费，总成本就要上百了。

五、促成交易的技巧

1. 捕捉促成的时机

促成的时机在任何一个销售阶段都可能实现，当顾客心想"就买下吧"时，就是促成的时机。任何人在做出决定时，心理上一定会有所变化，也会反映在行为举止或语言上，只要细心观察，就可以捕捉到。

（1）沉默不语，或翻来覆去地翻看产品简介或说明书。

（2）对你的敬业精神加以赞赏。

（3）皱着眉头，犹如困惑难以决定。

（4）询问别人的购买情况。

（5）询问交费方式。

（6）讨价还价。

（7）不断地问"没问题吧！"

（8）不停地自言自语"怎么办？"或与身边的人商量。

以上这些，表示顾客已对产品有了兴趣，甚至产生了购买的欲望。

总而言之，当顾客的表情、态度与先前不同，或者说话的口气发生改变，均是促成交易的时机。当你感觉到时机来临时，千万不要犹豫，立即进入促成阶段。因为机会稍纵即逝，一般客户想购买的心情大多只维持30秒。所以，不论当时正在进行商品说明或作拒绝处理，一旦察觉出顾客有意购买，即可直接将话题一转带入促成阶段。

2. 成交试探

把握交易促成时机除了破译购买信号，还可以使用试探性成交手法。

（1）多方案选择法。当顾客还在犹豫时，向顾客提供两种或多种选择方案，促进顾客从多种方案中决定一种，使顾客的思维重点放在数量、质量、材料等方面的选择上，而不是买与不买的选择。

（2）直接提示法。如果顾客已对产品产生良好印象，销售人员可以直接提示成交，或提出一个诱导性的问题，让顾客做出有利于成交的回答。例如，"先生，这款冰箱很时尚，假如您现在订下单来，春节前我们就可以帮您安装好，届时准为您的家居添色不少。

（3）赞美鼓励法。每个人都喜欢赞扬，利用这一特性，是促进成交的基本技巧之一。例如，"王姐，您真有眼光，这种款式只有成功人士或层次较高的人才会情有独钟的，如能跟您的家居装饰风格配合起来，真是太棒了。"

（4）时过境迁法。此法主要提示顾客，不抓紧时机，就会失去良好的机会和利益。例如，"李女士，这一款式目前属于国庆特价促销，过两天就要恢复原价，您最好是今天就能把它订下来。"

任务三　了解电子产品整机销售人员素质

○ 任务导入

案例 10-3：自绝后路

一位中年男士走到手机柜台前，销售员小钱从柜台中拿出一款适合中年男士使用的手机向顾客介绍："先生您好，这款手机在外观设计方面别具特色，以沉稳的黑色为主色调，边框处用有金属光泽的不锈钢材料镶边，沉稳但不沉闷。"

小钱一边介绍一边观察顾客，可以看出他喜欢这款手机的外观。

小钱接着介绍手机的功能："这款手机的功能很强大，比如炒股功能和GPS 等。来，请您亲自体验一下。"

顾客："那这部手机的价格哟，1980 元呀，这么贵，今天没带这么多钱！"

小钱想，你没带钱来看什么手机呀，之前都白讲了，真是的。于是就冷冰冰地说了一句："那你自己看看吧。"顾客尴尬地把手机还给小钱，识趣地离开了。

○ 问题讨论

1. 小钱哪些地方做得很好？

2. 小钱的问题出在哪里？

3. 小钱应该怎么做

基本知识

一、电子产品整机销售人员的素质条件

电子产品整机的销售活动是由销售人员来完成的，在顾客的心目中销售人员是企业的化身，代表着企业的形象，销售人员的素质对销售工作的影响至关重要。一个优秀的电子产品销售人员必须具备如下条件。

1. 思想政治条件

（1）销售人员必须严格遵守国家的法律、法规。
（2）树立顾客第一的观念，具有全心全意为顾客服务的思想。
（3）具有强烈的事业心和开拓精神，热爱本职工作。
（4）能正确地处理好销售人员和企业、顾客、竞争对手之间的关系，遵守销售人员的职业道德。

2. 身体、心理、语言条件

（1）销售人员必须身体健康，精力充沛，具有独立工作和适应各种场合的能力。
（2）必须具有受顾客欢迎的礼仪和风度，有宽宏大量、能容纳各种类型顾客的胸怀。
（3）在心理上要有对挫折、委屈的承受能力。
（4）讲究语言艺术，能主动、热情、耐心、周到地接待顾客。

3. 工作态度和工作能力

（1）具有高度的责任心，不怕艰苦，任劳任怨。
（2）应具有较强的工作能力，即具有较好的记忆力、观察力、分析问题和解决问题的能力，必须有想象、思维与表达能力和自我约束能力，善于沟通的能力及应变能力等。
（3）具有市场调查研究和收集市场信息的能力。

4. 知识条件

（1）销售人员必须具备一定的科学文化知识。销售人员的科学文化知识越高，就越能在更高的层次上掌握和精通销售的专业知识和技巧。
（2）企业知识。熟悉企业的历史及在同行业中的地位，企业的销售政策，企业的经营范围，商品种类，服务项目，定价策略，交货方式，付款条件及保管方法等销售知识。
（3）商品知识。熟悉企业所经销的电子产品的性能、用途、用法；了解产品的基本结构、调试及简单的维修知识；了解竞争对手的情况；了解所经销产品的生命周期等。
（4）用户知识。懂得电子产品消费者的消费心理及其购买行为特点，了解谁是商品的购买决策者，购买动机和购买习惯及采购方式、时间、条件等情况。
（5）市场知识。顾客分布规律，增加购买量的途径，潜在用户的情况，潜在销量以及有关国家政策、法律、法规、措施及规定等。

二、电子产品整机销售服务礼仪

1. 服务礼仪的内涵

服务礼仪是指在人与人交往的服务过程中，提倡以礼貌的方式为服务对象提供特定的服

务。也就是说，在服务过程中，为表示对顾客的尊重与友好，应注意礼节、仪式。

服务人员的礼仪规范，可以增强对顾客的吸引力，在顾客心中产生良好的反应，进而形成相应的购买心理和动机。同时，顾客心理反应的另一结果是，顾客愿意在这一种环境中去感受高尚的文明和高层次的精神享受。因此，服务礼仪的实质是服务人员在与消费者之间的交往中，人格魅力的展示、美德的感召、情感的交融。这种礼仪的展示，就是向消费者提供最大的精神享受。

2. 实施服务礼仪的原则

（1）以诚实服务。诚实，即真挚恳切，以诚相待。销售服务人员在与顾客的接触中，表现出诚实坦荡的品格，就会为顾客所称道和信任。因为，现代人的知识水平和社会经验普遍提高，靠花言巧语是很难蒙骗顾客的。

（2）以信誉服务。信誉，即遵诺守信，讲求信誉。这是销售人员诚实守信的最一般表现。信誉是一个商店、一个销售人员的生命线。"人无信则不立"，这是每一位销售人员都应该恪守的信条。

（3）以全意服务。全意，即全心全意、善始善终地为顾客服务。这实际上是一种为顾客负责到底的经营精神。处处替顾客着想，就不会出现不和谐的人际关系。

全心全意服务的目标是满足顾客的"三心"：让顾客动心，让顾客放心，让顾客省心。

围绕满足顾客的"三心"，销售人员也必须做到"三心"，即留心观察顾客所需，真心替顾客考虑，热心为顾客服务。

（4）以情感服务。情感反映着客观事物与人的需要之间的关系，人的需要是否得到满足，会引起人对事物的好恶态度，从而产生肯定或者否定的情绪。从某种角度讲，销售服务的过程，就是和顾客进行情感交流的过程。真挚的情感具有强大的影响力。

（5）以价值服务。价值，这里指的是价有所值、物有所值。当顾客以某个价格购买某种商品时，一定要让顾客感到钱花得值得。顾客购买商品时总是不断衡量是否得到应有的价值。物有所值，是销售工作的正确向导。新的职业道德观念是，销售人员所做的一切必须有利于他的顾客和他所代表的企业。只有这样，他的销售工作才会取得成功。

案例 10-4：某电器销售公司销售人员行为规范

销售人员是生产者与消费者之间的关系纽带，为了把产品推销到每一位消费者手中，使顾客得到满意的服务，销售人员必须做到以下三点。

（1）服务规范

① 举止文明，站姿、走姿服务手势要正确（除收银员外，一律为站立式服务）；

② 准确识别顾客心理，灵活运用服务方法；

③ 耐心听取顾客的意见和建议；

④ 礼貌用语，不许辱骂顾客，更不许与顾客打架。

（2）仪表仪容

① 着装整洁，可佩戴适当饰物，不可浓妆；

② 不留长指甲，不能涂有色指甲油；

③ 胸卡应佩戴在左胸前稍下方；

④ 应穿平底鞋。

（3）操作规范

① 按时上班，上班时间为 9：00～22：00（不同季节可适当调整），午间轮流休息两个小时；

② 不迟到、不早退、不旷班，请假必须有店长的批准；

③ 下班前检查店面的安全防范情况（如检查电源、窗户是否关好，门是否锁好等）；

④ 不许私拿店内财物，若被发现，以情节轻重，给予不同程度处罚。

3. 销售服务工作中的常见礼节

（1）握手的礼节

握手时双方伸手的先后次序是：职务身份高者、年长者、主人、女士、已婚者先伸手，对方迎握。

握手的标准姿势是：两人手掌都处于垂直状态，距受礼者约一步，上身稍前倾，两足立正，伸出右手，四指并拢，拇指张开与对方相握。

握手的禁忌是：与多人握手时争先恐后；戴手套握手（女士在社交场合戴薄手套除外）；左手插入裤袋里；将对方手拉过来、甩过去；力度过紧或过松；拒绝与人握手。

（2）鞠躬的礼节

行鞠躬礼时要立正，两眼注视对方，面带微笑，然后上身向前倾。男士双手应贴于身体两侧，女士双手应下垂或搭放在腹前。鞠躬的深度视受礼者被尊重的程度而定。下弯的幅度越大，表示尊重的程度越大。鞠躬的次数，可视环境和情况而定，一般社交、接待、服务中鞠躬一次即可。

（3）介绍的礼节

在介绍活动中，应把地位低者介绍给地位高者；把年轻者介绍给年长者；把客人介绍给主人；把男士介绍给女士；把迟到者介绍给先到者。

自我介绍时，要注意时间，力求语言简洁。态度要自然、大方、亲切、随和、不卑不亢。还要注意语调平和，语速适中，语气轻柔。

（4）称呼的礼节

工作中的称呼使用最多的是职务称呼。在社交活动中，对任何成年的男性均可称为"先生"。对于女性、已婚且有一定政治地位或经济地位的可称为"夫人"；对未婚女性，可称为"小姐"；对不了解婚姻状况的女性，称为"女士"。

姓名称呼一般用于年龄、职务相仿的交往对象或是好友之间。使用时，可将职务、职称和姓名并称使用，也可加先生、小姐。

（5）接打电话的礼节

在商务和公务中，一般铃响不超过三次。接听电话后，应和蔼地报出自己单位的名称。对方找人，如果自己不是受话人，应负起传呼责任，或告知受话人的情况。为表示你在专心聆听，可用一些辅助语"嗯"、"是"、"行"表示呼应。通话结束后，接话人在听筒里听到对方挂机后，再轻轻将听筒放下。

打电话时，要首先使用敬语"您好"，通报自己的单位或姓名，主动询问对方机构或要找的人的姓名。如果是拨错号，应立即致歉，并轻放电话，重新拨号。若不是要找的人接听，应主动说"能否麻烦您替我叫一下×××",对方应允后,应该致谢。通话中,一般由发话人终止通话。

在开会、营业、会谈,尤其是在接待客户期间,不应频繁因私使用手机。

(6)使用名片的礼节

首先要把握时机,等介绍完对方和自己后再递上名片。递名片时应起身站立,使用双手的拇指和食指握住名片上端两角,将名片正面正对对方,同时用些敬语作呼应,如"请多指教"、"认识你很高兴"等。

接受他人名片时,应口头道谢,或重复对方的敬语。接过名片后,一定要看,必要时,轻声念出名片人的姓名或职务。

你在生活中遇到过的失礼情况?

说一说

小故事

成败只差一角钱!

那一次求职受益一生!

当我和另外一名对手接受决战时,我对最终取胜充满了信心。奇怪的是,招聘经理并未提问,而是带着我和对手去公司签单。去公司有一站路,经理建议乘公共汽车去,并递给每个人5角钱,嘱咐每个人买自己的票。

当时的票价是4角,可以找零。因缺少零钱,公共汽车的乘务员已经养成了收5角不找零的习惯,我也便没有索要应找回的1角钱,总觉得为1角钱开口,太丢面子。没有想到,我的对手却向乘务员索要找零。乘务员轻蔑的眼神如刀般切割了我的对手几眼,才递出1角钱,一旁的我,幸灾乐祸地想,对手的"财迷"表现,或许将让他落败。到站、下车,经理拍着对手的肩:"你被聘用了——只有懂得坚持自己权益的人,才能够维护公司的利益。"

综合训练

一、案例分析

(1)教师组织开展讨论活动,鼓励学生积极发言、创新思维。

(2)以小组为单位讨论问题。

(3)各组组长主持本组讨论并填写记录表。

(4)各组报告讨论结果。

(5)教师对讨论结果进行综合评价,对表现好的小组予以表扬。

案例 10-5： 诚信服务　巧赢顾客心

某顾客到南天店音响柜，在初步比较后，明确表明想买一套"宝笙"音响，为了主推我公司的"派浪"音响，销售人员并没有急于推荐，先是播放了一段音乐，让他进行音质、性能的比较。然而，顾客并未决定购买。于是，销售人员在与之巧妙的闲谈中了解到，顾客要为新装修的房子选购一整套的家用电器。销售人员抓住机会热心做起导购，实事求是地说明各品牌的优点和不足，为顾客提供参考依据，顾客满意地购了其他商品后，对该销售员的服务及全程陪同十分赞同，就决定购买"派浪"。事隔不久，他又带来了亲戚指名要找该销售员为其服务。

顾客对商家产生信任是十分重要的，实事求是、真诚以待是销售中最主推的产品，只有赢得了顾客的心，才会最终赢得顾客。万事没有十全十美的，产品亦如此，实事求是即宣传了商家的信誉，又为售后奠定了基础。

问题：

为什么实事求是介绍产品不足之处却能达成交易？

二、情景模拟

训练形式：角色扮演。

训练过程：

（1）老师向同学们说明本次活动的目的、内容及注意事项。

（2）寻找四个"志愿者"充当演员。两人一组。第一组表演场景一、二；第二组表演场景三。给每个演员分派一个角色并把剧本发给他们（此步骤可在课前提前完成）。给他们一些时间来熟悉角色，然后请他们分别演绎场景一、场景二和场景三。

（3）其他同学细心观察演员的言行举止，找出售货员所做的对顾客有消极或消极影响的事情。

（场景一）

顾客：你好!

售货员：（看着顾客走近来，没有表情，也没有说什么）

顾客：嗯，我想了解一些冰箱的信息。

售货员：（语气较为和善，没有直接看着顾客……）好的，我们这里有多种款式的冰箱。你需要一些介绍手册吗，或者你想了解一下价格信息？

顾客：好，我现在只需要一些介绍手册，想带回家看。目前我还没有要买的打算。

售货员：（语气转为冷淡）没关系。那里有你需要的手册（将手册指给顾客），你可以看一看，如果有什么问题，可以给我打电话。

顾客：好的。谢谢你。

售货员：（没表情）。

（顾客转身离开）

（场景二）

售货员：（看着顾客走近来，面带微笑）早上好。

顾客：你好!

售货员：（直面顾客，做眼神交流）我能为您做些什么吗？

顾客：哦，我想了解一些冰箱的信息。

售货员：好的。我们这里有多种款式的冰箱。你需要一些介绍手册吗，或者你想了解一下价格信息？

顾客：哦，现在我只需要一些手册带回家看。目前我还没有要买的打算。

售货员：没关系。这里有一些您需要的手册（微笑着将手册双手交给客户）。您可以看一看，如果有什么问题，可以给我打电话。

顾客：好的。谢谢你。

售货员：谢谢你的来访。

（顾客转身离开）

（场景三）

售货员：（看着顾客走近来，面带微笑）早上好。

顾客：你好！

售货员：（直面顾客，做眼神交流）我能为您做些什么吗？

顾客：哦，我想买台电脑。

售货员：好的。请问您要购买的电脑是单位用还是家里用呢？

顾客：是我在家里使用。

售货员：家里使用体积小一点比较好，对吧？

顾客：是的，体积应尽量小。

售货员：我想，您是中年人，不需要有太多的功能，是吗？

顾客：是的。

售货员：是不是主要用来处理一些文件资料和上网浏览？

顾客：是的，处理文件资料主要在办公室完成，家里只是偶尔上上网。

售货员：嗯，功能要少，体积要小，而且要安装方便，故障少，具有一般文字处理和上网功能是否就行了？

顾客：对，只要这些就行。

售货员：先生，这台 Y-009 型家用电脑是目前体积最小，具有一般文字输入和上网功能的电脑。它推向市场才一年，品质、性能相当稳定，安装、操作都非常方便，目前正执行优惠价格，才 2800 元，并提供一年包换、终身保修，非常适合您的要求，您看如何？

顾客：嗯，好的，就买它了。

（4）小组在老师的指导下展开讨论，回答研讨问题。

（5）组长负责记录，小组发言人代表本组宣读讨论结果。

（6）教师对本次活动情况进行评价；对存在争议的一些问题加以澄清；对表现好的小组和个人加以表扬，对出演角色的四位同学进行奖励。

训练成果：小组研讨记录表（表 10-2）。

表 10-2 _____小组研讨记录表

研 讨 问 题	研 讨 结 果
1. 请指出"场景一"中售货员做得不好的地方	

续表

研 讨 问 题	研 讨 结 果
2. 请指出"场景二"中售货员做得好的地方	
3. "场景三"中售货员为何如此顺利地就将电脑销售出去了	

三、社会实践

任务：学习销售服务技巧。

过程：

（1）各小组成员由组长带领利用课余时间到附近的一家大型商场进行现场考察。采用非参与的方式，仔细观察并记录下售货员在销售服务的整个过程中都采用了哪些有利于商品售出的语言和非语言行为（目光、表情、手势、体姿等）。

（2）组长负责记录、填写考察表。

成果：小组现场观察表（表 10-3）。

表 10-3 ＿＿＿＿小组现场观察表

语 言 行 为	非语言行为
1.	1.
2.	2.
3.	3.
4.	4.
5.	5.
…	…

参 考 文 献

[1] 赵志锋．电子电器产品营销实务[M]．北京：人民邮电出版社，2008.

[2] 周伟．电子电器产品市场与营销[M]．北京：电子工业出版社，2008.

[3] 王瑶．市场营销基础实训与指导[M]．北京：中国经济出版社，2009.

[4] 张雪芬，曹汝英．商品经营[M]．北京：高等教育出版社，2006.

[5] 刘永芳．消费心理学[M]．上海：华东师范大学出版社，2008.

[6] 韩广兴，韩雪涛．电子电器产品营销技能上岗实训[M]．北京：电子工业出版社，2009.

[7] 凌健珍．家电营销[M]．北京：中国劳动社会保障出版社，2012.

[8] 王水清．市场营销基础实训与实务[M]．北京：北京邮电大学出版社，2012.

[9] 李莉，李宁．网络营销[M]．西安：西北工业大学出版社，2012.

[10] 翟玉新．营销认知[M]．北京：中国劳动社会保障出版社，2013.

[11] 詹姆斯·伯罗．市场营销学生活动手册[M]．北京：电子工业出版社，2013.

反侵权盗版声明

电子工业出版社依法对本作品享有专有出版权。任何未经权利人书面许可，复制、销售或通过信息网络传播本作品的行为；歪曲、篡改、剽窃本作品的行为，均违反《中华人民共和国著作权法》，其行为人应承担相应的民事责任和行政责任，构成犯罪的，将被依法追究刑事责任。

为了维护市场秩序，保护权利人的合法权益，我社将依法查处和打击侵权盗版的单位和个人。欢迎社会各界人士积极举报侵权盗版行为，本社将奖励举报有功人员，并保证举报人的信息不被泄露。

举报电话：（010）88254396；（010）88258888

传　　真：（010）88254397

E-mail：　dbqq@phei.com.cn

通信地址：北京市万寿路 173 信箱

　　　　　电子工业出版社总编办公室

邮　　编：100036